LES PREMIERS VOYAGES

AUTOUR DU MONDE

3e SÉRIE IN-8o

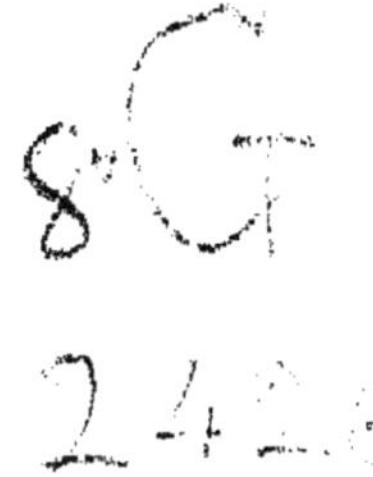

LES PREMIERS VOYAGES AUTOUR DU MONDE. — Le cap Horn.

LES PREMIERS VOYAGES

AUTOUR DU MONDE

MAGELLAN — DRAKE — COOK

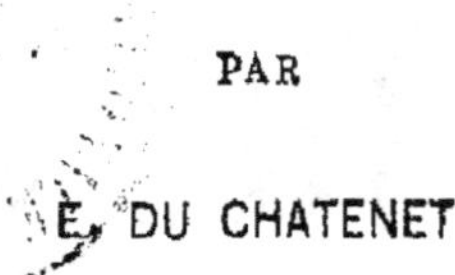

PAR

E. DU CHATENET

LIMOGES

EUGÈNE ARDANT ET Cie

ÉDITEURS

LES

PREMIERS VOYAGES

AUTOUR DU MONDE

En 1522, Pierre Martyr, historien italien, fixé à la cour d'Espagne, écrivait à l'archevêque de Cuba :

« Il y a quelques jours que j'ai reçu une lettre des Indes et du Nouveau-Monde.

» Il faut vous rappeler qu'il a été résolu à Barcelonne, dans notre conseil des Indes, d'envoyer cinq vaisseaux pour chercher les îles qui produisent les parfums, sous la conduite du Portugais *Fernando de* MAGALHAENS (1), ce Magalhaens ayant passé cinq ans dans les comptoirs auxquels arrivent les parfums de ces îles équatoriales, par le commerce des îles voisines. Ils y sont arrivés après la mort de

(1) Dont les Espagnols ont fait *Hernando* MAGALHANÈS, et les Français : MAGELLAN.

Magalhaens, tué par quelques insulaires qui étaient en guerre; et, les quatre autres vaisseaux perdus, de toute la petite flotte un seul vaisseau est revenu, appelé LA VICTOIRE, plus percé qu'un crible. Ce vaisseau a mis trois ans à cette navigation; vous verrez là-dessus une relation particulière admirable et incroyable, parce que *ce vaisseau a fait le tour entier du globe, suivant toujours le soleil couchant.* Adieu. Valladolid, 3e jour des calendes de septembre de l'an 1522. »

C'était une grande nouvelle; car le fait de ce vaisseau revenu à son point de départ après avoir vogué trois ans toujours dans la même direction, à l'ouest, était la preuve expérimentale et indéniable de la sphéricité de la terre.

Jusqu'alors les savants avaient pu discuter et augmenter sur ce point, à grand renfort de textes et de raisonnements à perte de vue. Désormais, devant l'évidence du fait, il n'y avait plus qu'à s'incliner.

L'expérience donnait enfin raison aux prévisions de Christophe Colomb qui, en naviguant vers l'ouest, prétendait atteindre le Cathay (la Chine) et les îles des Épices (les Moluques). Il les eut en effet atteints s'il n'eût été arrêté dans sa course par l'Amérique.

VOYAGE DE MAGELLAN.

Dans le but de mettre un terme à la mésintelligence et aux institutions qui s'étaient élevées entre les cours d'Espagne et de Portugal au sujet des nouvelles découvertes, le pape Alexandre VI proposa, en 1493, de tracer une ligne du nord au sud, à cent lieues au-delà des Açores : toutes les terres découvertes ou à découvrir à l'ouest de cette ligne devaient appartenir aux Espagnols, à charge pour eux, d'en rendre les habitants catholiques, tandis que les Portugais pourraient, en maîtres planter leur drapeau dans tous les pays situés à l'est de cette démarcation.

Cette décision ne donna satisfaction ni au roi d'Espagne, ni à celui du Portugal. Ce ne fut que l'année suivante que les deux souverains parvinrent à se mettre d'accord en reculant cette ligne, dite de *démarcation*, plus à l'ouest, à trois cent soixante-dix lieues des îles du Cap-Vert.

Les rois d'Espagne et de Portugal s'aperçurent bientôt qu'une ligne ticée du nord au sud pour la délimitation de leurs domaines respectifs, ne divisait rien sur une surface sphérique, comme tout portait à croire qu'était celle de la terre — à moins que l'on ne prolongeât cette ligne au-delà des pôles, comme l'un des cercles méridiens : — ce qui attribuait à chacun des deux prétendants la moitié de la sphère terrestre, ou, en un seul mot, un hémisphère entier.

En 1517, un gentilhomme portugais offrit au cardinal Ximenès, qui régissait alors l'Espagne en l'absence du roi, d'aller par l'ouest reconnaître et faire valoir les droits que la *ligne de démarcation* donnait, disait-il, aux Espagnols sur les îles au Girofle. — Que les îles au Girofle, que les Moluques, fussent dans l'hémisphère espagnol, c'était là une présomption qui, vraie ou fausse, ne pouvait être mal venue à la cour d'Espagne. Cette présomption comptait du reste en sa faveur le témoignage de ceux-là même qui faisaient pour le Portugal le commerce de l'Inde, témoignage confirmé par les démonstrations mathématiques de plusieurs cosmographes, et, entre autres, du célèbre astronome et astrologue *Roderic Faleiro*. Ce Faleiro s'engageait, en outre, à donner au navigateur le moyen de s'assurer de la véritable position des Moluques par rapport à la ligne de démarcation.

En 1519, le Portugais, que l'on avait vu, deux ans auparavant, simple solliciteur à Valladolid, était nommé par l'empereur et roi Charles-Quint, capitaine général d'une escadre de cinq vaisseaux et commandeur de l'ordre de Saint-Jacques-de-la-Spatha. Ce Portugais, que ses compatriotes appellent *Magaillane* et que nous appelons Magellan, l'on sait fort peu de chose sur son compte. Charles-Quint lorsqu'il lui confia la mission sollicitée par lui, était sans doute mieux informé que nous sur la préparation qu'il apportait à cette grande tâche.

Pierre Martyr vous a dit tout-à-l'heure que Magellan avait passé plusieurs années dans l'Inde. Ce séjour de Magellan dans l'Inde, se rapporte au temps d'Albuquerque. De retour à Lisbonne, et familier avec les connaissances que les immenses succès de la navigation avaient mis à la mode parmi les nobles portugais, il avait eu la permisson de consulter les documents géographiques et nautiques, accumulés et conservés depuis le temps du Prince *Henri* dans la Trésorerie. Il avait vu là une carte du célèbre géographe et voyageur *Martin* Behaim, sur laquelle était indiqué, vers la partie méridionale de l'Amérique, un détroit qui ouvrait le chemin occidental de l'Asie; un détroit par lequel pouvait enfin être menée à terme l'entreprise vainement tentée par Colomb.

Au reste, à défaut de ce détroit, Magellan ne pouvait-il pas espérer de trouver l'Amérique terminée, de ce côté, par un autre *cap de Bonne-Espérance ?* Ne pouvait-il pas se flatter d'être le Barthélemy Diaz et le Gama du Nouveau-Monde?

On ignore les motifs qui l'avaient fait passer au service de l'Espagne. On rapporte seulement que le roi *Emmanuel* avait refusé d'augmenter ses appointements d'un teston (1) par mois. On suppose qu'un de ses amis et parents, avec qui il était en correspondance (Francisco Serrano), irrité contre le vice-roi Albuquerque, lui avait écrit de l'Inde de donner les Moluques à l'Espagne, déduisant de sa connaissance des côtes brésiliennes, la possibilité de trouver un passage au sud de l'Amérique (2).

(1) Le teston valait environ six francs.

(2) L'historien portugais Jean de Barros affirme que Serrano avait envoyé à Magellan une carte des Moluques où elles se trouvaient dans l'hémisphère espagnol. On ignorait encore en Europe que les Portugais eussent découvert les Moluques, quand il y avait déjà sept ou huit ans qu'ils s'y étaient établis.

Il me reste à vous dire un mot de la source à laquelle sont puisés les extraits dont je vais vous faire part. Lors du retour de *la Victoire*, Pierre Martyr fut chargé par Charles-Quint de rédiger l'histoire de cette mémorable expédition, d'après tous les journaux qui furent trouvés à bord. Cette histoire, rédigée et envoyée au pape, fut brûlée en manuscrit, avant l'impression, dans le sac de Rome, en 1527, « de sorte, dit un des plus célèbres collecteurs de voyages (Ramusio), que le souvenir d'une si grande entreprise se fût perdu avec le temps, si un habile gentilhomme de Vicence, appelé *messire Antoine* PIGAFETTA, n'en avait pas donné une relation curieuse et détaillée. » C'est à cette relation (1) que sont empruntés les détails que vous allez lire : « Curieux de voir de ses propres yeux les choses merveilleuses que l'on racontait de l'Océan », l'auteur avait obtenu de Charles-Quint la permission d'être de ce voyage : nul autre que le capitaine général n'en savait alors le véritable but.

Départ de Séville. « Le lundi matin, 10 août

(1) Relation publiée en français et en italien, par *M. Amoretti* de Milan, non d'après le manuscrit original que l'on n'a pas retrouvé, mais d'après une copie contemporaine, mélange informe d'italien, de vénitien et d'espagnol.

de l'an 1519, l'escadre ayant à bord tout ce qui lui était nécessaire, ainsi que son équipage composé de *deux cent trente-sept* hommes, on annonça le départ par une décharge d'artillerie. » Le 20 septembre, départ de San-Lucar de Barrameda. La plus sévère discipline avait été établie à bord, et *la Trinité*, sur laquelle était Magellan, devant toujours marcher en avant : des signaux de nuit avaient été convenus pour transmettre ses ordres. A part les difficultés de sa tâche, Magellan avait, aux yeux des quatre autres commandants espagnols, l'irrémissible tort d'être né Portugais.

Le 26 septembre, séjour à l'île Ténériffe, puis à l'île de Monte-Rosso ; l'escadre passe ensuite ent e les îles du cap Vert et le cap Vert, et suit les côtes de Guinée jusqu'à la montagne de Sierra-Leone. « Nous éprouvâmes ici (dit le narrateur) des vents contraires ou des calmes plats avec de la pluie, jusqu'à l'équateur, et ce temps pluvieux dura soixante jours, *contrairement à l'opinion des Anciens*.

« Dans les temps orageux, ajoute-t-il, nous vîmes souvent le *Corps Saint*, c'est-à-dire *Saint-Elme ;* pendant une nuit fort obscure, il nous apparut comme un beau flambeau sur la tête du grand mât, où il s'arrêta pendant deux heures, ce qui nous était d'une grande consolation au milieu de la tempête. Au moment de sa disparition, il jeta une si grande lumière que nous en fûmes éblouis, nous nous crûmes perdus, mais le vent cessa à l'instant même » (1).

Passons sous silence les requins, les poissons volants et les oiseaux merveilleux qui animent un peu la monotone traversée de l'Atlantique, et hâtons-nous d'arriver à la terre du *Bois rouge*, au Brésil. Chemin faisant, le narrateur a soin de nous faire observer qu'en s'éloignant de l'équateur et se rapprochant du plôe antarctique, l'escadre avait cessé de voir l'étoile polaire. Entré, le 13 décembre, dans la baie de Rio-Janeiro, il ajoute : « Nous avions alors, à midi, le soleil tout-à-fait au-dessus de notre tête, et nous souffrions bien plus de la chaleur que nous n'avions fait sous la ligne équatoriale. »

Le portrait qu'il nous fait des Brésiliens et des Brésiliennes, comparant leurs rameurs « à des matelots du Styx », serait assez peu rassurant s'il n'ajoutait, qu'avec leur effroyable apparence, ils sont crédules et bons, et si treize jours d'échange passés sans querelle et sans meurtre,

(1) Ce passage vous rappelle le passage de Pline, sur le *Castor* et *Pollux* des marins de l'antiquité. *Simple discours* SUR L'HISTOIRE DE L'ÉLECTRICITÉ, *second volume* de la PREMIÈRE PARTIE.

chose notable ! ne témoignaient et de la sévère discipline du commandant portugais et des dispositions pacifiques de ses hôtes. Représentez-vous ceux-ci, d'une couleur olivâtre plutôt que noire, le corps et surtout le visage peints d'une étrange manière, les femmes aussi bien que les hommes ; tous nus, les femmes aussi bien que les hommes, ou seulement parés d'une veste de plumes de perroquets tissues ensemble « et arrangées de façon que les grandes pennes des ailes de la queue, leur forment un cercle sur les reins, ce qui leur donne une figure bizarre et ridicule » ; le corps épilé ; les cheveux courts et laineux ; les hommes, la lèvre percée de trois trous par lesquels passent de petites pierres étroites, longues de deux pouces ; bruyamment logés par centaines dans de longues cabanes ; couchés sur des filets de coton suspendus ; voguant (trente ou quarante à la fois) dans des arbres creusés, au moyen de rames pareilles à nos pelles de boulangers ; « pas chrétiens, dit Pigafetta, mais pas idolâtres non plus ; prenant leur instinct naturel pour unique loi et vivant très-longtemps » ; fêtant toutefois (à ce qu'on lui dit) fêtant le huitième jour avec un petit morceau de chair humaine fumée.

Les Espagnols croient avoir fait là d'excellents marchés et les Brésiliens ont la même conviction : échangeant cinq à six poules contre un hameçon ou un couteau ; du poisson pour dix personnes, contre une paire de ciseaux; deux oies contre un peigne ; une corbeille de racines « à forme de navet et goût de châtaigne (1) » contre un grelot ou un ruban, etc., offrant pour une hache ou un coutelas une ou deux de leurs jeunes filles (2); une heureuse coïncidence avait, au reste, servi les intérêts des navigateurs. Depuis deux mois une sécheresse affreuse désolait cette côte ; la pluie était venue le même jour que les Espagnols ; « cette pluie, les Brésiliens l'avaient attribuée à la toute-puissance des blancs. »

Repartis le 27 décembre, ceux-ci longent la côte au midi et arrivent à l'embouchure de la rivière près de laquelle périt *Jean de Solis*. « C'est ici, dit Pigafetta, qu'habitent les mangeurs d'hommes. Pour ne pas laisser échapper l'occasion de leur parler et de les voir de près, nous sautâmes à terre au nombre de cent hommes et les poursuivîmes pour en arrêter

(1) Pommes de terre.

(2) L'usage d'offrir des jeunes filles est commun à toutes les îles de la mer du Sud.

quelques-uns ; mais ils faisaient de si grandes enjambées que nous ne pûmes parvenir à les joindre. »

Continuant de longer la côte au sud, ils rencontrent deux îles peuplées « d'oies noires, sans plumes pour voler (1) — et de loups marins (2) à tête de veau, oreilles courtes et rondes, les pattes attachées au corps, semblables à nos mains, et portant de petits ongles, les doigts réunis comme ceux du canard. »

« Nous essuyâmes, dit Pigafetta, un terrible orage au milieu de ces îles, pendant lequel les feux de *Saint-Elme*, de *Saint-Nicolas*, et de *Sainte-Claire* se firent voir plusieurs fois à la pointe des mâts ; et au moment de leur disparition, l'on voyait diminuer à l'instant la fureur de la tempête. »

Continuant au midi, ils trouvent, en mai, un bon port à 49 degrés sud de l'équateur (3) « l'hiver approchant, dit le voyageur, nous jugeâmes à propos d'y passer la mauvaise saison. »

(1) Pingoins.

(2) Veaux marins ou phoques.

(3) Ou comme on dit, à 49 degrés de *latitude méridionale*. La *latitude* d'un endroit étant, comme vous le savez, la distance de cet endroit à l'équateur, soit au nord, soit au sud ; et les degrés de latitude étant de 25 lieues.

A cette distance de l'Europe, les vellóités de révolte se réveillèrent; les quatre commandants castillans se flattèrent d'avoir bon marché de l'intrus portugais; laissons parler Pigafetta.

« A peine avions-nous mouillé l'ancre dans ce port (que Magellan nomma le port St-Julien), que les capitaines des quatre autres vaisseaux firent un complot pour tuer le capitaine général. Ces traîtres étaient *Jean de Carthagène*, venador de l'escadre; *Louis de Mendoza*, trésorier; *Antoine Cocca*, contador et *Caspard de Casada*. Le complot fut découvert; on écartela le premier et le second fut poignardé. On épargna Gaspard de Casada, qui fut, au départ, laissé à terre avec un prêtre, son complice. »

Deux mois s'écoulèrent avant que l'on aperçut aucun habitant. « Un jour que nous nous y attendions le moins, dit le narrateur, un homme de figure gigantesque se présenta à nous; il était sur le bord de la mer, presque nu, chantant et dansant et se jetant de la poussière sur la tête. Le capitaine envoya à terre un de nos matelots avec ordre de faire les mêmes gestes, et le géant se laissa paisiblement conduire dans une petite île où le capitaine avait pris terre. Il témoigna beaucoup d'étonnement en nous voyant, et, levant le doigt, nous fit entendre qu'il nous croyait descendus du ciel.

» Cet homme était si grand que notre tête touchait à peine à sa ceinture; il était bien proportionné; son visage était large et teint de rouge, si ce n'est qu'il avait les yeux entourés de jaune et deux taches en forme de cœur sur les joues; ses cheveux paraissaient blanchis avec quelque poudre; son habit ou plutôt son manteau était fait de fourrures cousues ensemble, d'un animal très-commun en ce pays (1), et il portait une chaussure de la même peau (2). Il tenait dans sa main gauche un arc court et massif dont la corde était faite d'un boyau du même animal; et dans sa droite, des flèches de roseau courtes ayant d'un côté des plumes comme les nôtres, et de l'autre, au lieu de fer, la pointe d'une pierre à fusil, blanche et noire. »

Remis à terre avec quelques petits présents, il eut bientôt rassuré les siens qui vinrent faire les mêmes gestes et se rendirent avec leurs

(1) « Cet animal, dit Pigafetta, a la tête et les oreilles d'une mule, le corps d'un chameau, les jambes d'un cerf et la queue d'un cheval, et il hennit comme ce dernier. » Ce animal est le *guanac*.

(2) C'est cette chaussure qui valut à ces peuples, de la part de Magellan, le nom de *pattes-d'ours* ou de *patagons* qui leur est resté. — Leurs huttes portatives sont recouvertes de la même peau.

femmes à bord des vaisseaux ; « les femmes, dit Pigafetta, ne sont pas si grandes que les hommes, mais en revanche elles sont plus grosses; leurs mamelles tombantes ont plus d'un pied de long ; elles sont peintes et habillées de la même manière que leurs maris, mais elles portent un petit tablier de peau dont leurs maris se passent. »

Pigafetta ajoute : « ils vivent ordinairement de viande crue et d'une racine douce qu'ils appellent capac. Ils sont grands mangeurs; les deux Patagons que nous avions pris, mangeaient chacun une corbeille pleine de biscuit chaque jour et buvaient un demi-seau d'eau d'une haleine ; ils mangeaient les souris toutes crues même sans les écorcher. »

Les relations des Espagnols avec les Patagons ne furent guère favorables à ceux-ci. Le capitaine voulut en retenir deux *couples* pour les emmener en Espagne et réussit en effet, par l'artifice le plus grossier, à enchaîner sur son vaisseau deux de leurs jeunes hommes ; une petite expédition fut envoyée pour surprendre à terre deux femmes ; mais, sur un signe, à l'instant où les étrangers croyaient tenir leur proie, hommes, femmes, enfants, prirent la fuite, abandonnant leurs huttes aux perfides ; un Espagnol reçut une flèche empoisonnée, et mourut à l'instant. Un Patagon qui, familiarisé avec les blancs, avait appris à prononcer le mot *Jésus*, à réciter le *Pater* et avait reçu l'eau baptismale, paya de sa vie, chez les siens, ses liaisons avec les ennemis de ses compatriotes. Quant aux deux Patagons qui étaient sur les vaisseaux, ils moururent tous les deux, en mer, de maladie.

Autre malheur : le *Saint-Jacques*, détaché pour reconnaître la côte, fit naufrage parmi les rochers, à trente lieues de là ; l'équipage sauvé comme par miracle, resta deux mois à recueillir les débris du vaisseau et les marchandises, sur une plage glacée.

Le 21 août, après cinq mois de séjour, après avoir planté une croix sur une montagne et pris possession du pays au nom du roi d'Espagne, les quatre vaisseaux restants se dirigèrent au sud, en longeant la côte ; puis passèrent deux mois à l'embouchure d'une rivière (la rivière de Sainte-Croix) où toute l'escadre faillit se perdre ; « mais Dieu et les *Corps saints* nous secoururent, dit le narrateur, et nous sauvèrent..... Avant d'abandonner cet endroit, le capitaine ordonna que chacun de nous allât à confesse et communiât en bon chrétien. »

« Le 21 octobre, ayant repris la route du

sud, nous trouvâmes un détroit que nous appelâmes le détroit des *Onze mille vierges*, parce que ce jour leur était consacré ; tout l'équipage était si persuadé que ce détroit n'avait pas d'issue à l'ouest qu'on ne se serait pas avisé même de la chercher, sans les grandes connaissances du capitaine général. » Magellan oppose ici à la défiance de ses pilotes l'autorité de Martin Behaim ; *le St-Antoine* et *la Conception* furent envoyés à la recherche, *la Trinité* et *la Victoire* attendirent à l'entrée.

» Le soir, continue Pigafetta, survint une terrible bourrasque qui dura trente-six heures, nous contraignit d'abandonner les ancres et de nous laisser aller au gré des flots et du vent ; *le St-Antoine* et *la Conception*, portés toujours vers le fond de ce qu'ils supposaient être une baie, s'attendaient à y échouer d'un moment à l'autre, mais à l'instant qu'ils se croyaient perdus, ils virent une petite ouverture, où ils s'enfoncèrent; voyant que ce canal n'était pas fermé, ils s'y engagèrent et se trouvèrent dans une autre baie où ils poursuivirent leur route, puis rencontrèrent un second canal, d'où ils passèrent dans une autre baie beaucoup plus grande que les précédentes ; alors au lieu d'aller plus loin, ils jugèrent à propos de revenir rendre compte de ce qu'ils avaient vu ». Leurs cris de joie et des décharges d'artillerie annoncèrent leur retour à leurs compagnons qui n'espéraient plus les revoir.

L'escadre parvenue dans la troisième baie dont le voyageur vient de parler, se vit entre deux canaux, l'un au sud-est, l'autre au sud-ouest. *Le St-Antoine* et *la Conception* furent chargés de reconnaître celui du sud-est ; *la Conception* ne put suivre *le St-Antoine* qui avait ses raisons pour ne pas l'attendre, et le perdit de vue; *la Trinité* et *la Victoire* s'engagèrent dans le canal du sud-ouest, et parvinrent à l'embouchure d'un courant d'eau douce qu'ils nommèrent la *rivière des sardines :* une chaloupe envoyée à la découverte revint au bout de trois jours annonçant avoir vu le cap où finissait le détroit et *une grande mer ;* « nous en pleurâmes tous de joie, dit Pigafetta. Ce cap fut nommé le cap Désiré » (1).

(1) Le cap *Desiré* est celui que vous voyez sur la carte, vis-à-vis le cap Victoire : il appartient à l'une des grandes îles qui forment la partie méridionale du détroit sous le nom d'*Archipel de Magellan* ou de *Terre de Feu*. Le nom de *Terre de Feu* est plus spécialement appliqué à la plus grande de ces îles. — La pointe la plus méridionale de la *Patagonie* et du continent a reçu des Anglais le nom de *Froward;* et la presqu'île à laquelle ce cap appartient, dernier anneau de la chaîne des *Andes*, a pris sur leurs cartes le nom de *Brunswick*.

« En cas que nous n'eussions pas découvert ce détroit, ajoute-t-il, le capitaine général était résolu de continuer sa route au sud jusque par le 75° degré de latitude méridionale, où pendant l'été il n'y a point de nuit ou du moins très-peu ; comme il n'y a point de jour en hiver. Pendant que nous étions dans ce détroit, nous n'avions que trois heures de nuit et c'était au mois d'octobre.

» La terre de ce détroit, lequel, à gauche, tourne au sud-est, est basse, nous l'appelâmes le détroit des Patagons. A chaque demi-lieue, on y trouve un port sûr, de l'eau excellente, du bois de cèdre, des sardines et une grande abondance de coquillages ; il y avait aussi des herbes amères, et d'autres bonnes à manger, notamment une espèce de céléri doux qui croît au bord des fontaines... Enfin, je ne crois pas qu'il y ait au monde un meilleur détroit que celui-ci. »

La Victoire fut vainement renvoyée jusqu'à l'embouchure du détroit pour rejoindre *le St-Antoine ;* l'on apprit plus tard qu'il avait été ramené en Espagne par un pilote (Etienne Gomès) que Magellan avait supplanté dans le commandement de l'escadre et qui avait, en chemin, repris à terre Jean de Carthagène et le prêtre.

« Le mercredi, 28 novembre, nous entrâmes dans la grande mer (1) dans laquelle nous naviguâmes pendant le cours de *trois mois et vingt jours* sans goûter d'autre nourriture fraîche ; le biscuit que nous mangions n'était plus du pain, mais une poussière mêlée de vers qui en avaient dévoré toute la substance, et qui de plus, était d'une puanteur insupportable, étant imprégnée d'urine de souris ; l'eau que nous étions obligés de boire était croupie et infecte ; nous fûmes mêmes contraints, pour ne pas mourir de faim, de manger les morceaux de cuir de bœuf dont on avait recouvert la grande vergue pour que le bois ne rongeât pas les cordes. Ces cuirs toujours exposés à l'eau, au soleil et aux vents étaient si durs qu'il fallait les faire tremper pendant quatre ou cinq jours dans la mer, ensuite nous les faisions griller sur la braise ; souvent même nous avons été réduits à nous nourrir de sciure de bois, et les souris elles-mêmes, étaient devenues un mets si recherché qu'on les payait jusqu'à un demi ducat la pièce.

» Ce n'était pas tout : notre plus grand

(1) En suivant, non pas la côte méridionale du détroit, terminée par le *cap Désiré*, mais la côte septentrionale, terminée par le *cap Victoire*.

malheur était de nous voir attaqués d'une espèce de maladie par laquelle les gencives se gonflaient au point de surmonter les dents de la mâchoire supérieure et de la mâchoire inférieure, et ceux qui en étaient attaqués ne pouvaient prendre aucune nourriture. *Dix-neuf* d'entre nous en moururent et parmi eux étaient le géant patagon et le Brésilien que nous avions conduits avec nous. Outre les morts, nous avions vingt-cinq à trente matelots malades qui éprouvaient d'insupportables douleurs dans les bras, dans les jambes et dans quelques autres parties du corps, mais ils en guérirent...

» Pendant cet espace de temps, nous parcourûmes à-peu-près quatre mille lieues dans cette mer que nous appelâmes *Pacifique,* parce que nous n'essuyâmes pas la moindre tempête (1), et ne découvrîmes d'autre terre que deux îles (à deux cents lieues l'une de l'autre) abandonnées aux herbes et aux oiseaux, autour desquelles nous ne trouvâmes pas de fond... Je ne pense pas que personne, à l'avenir, veuille entreprendre un pareil voyage. »

(1) La plupart des successeurs de Magellan ont pu dire comme le voyageur de Jean-Jacques : « J'ai trouvé dans la *mer Pacifique* les plus effroyables tempêtes. »

« Le pôle antarctique, continue Pigafetta, n'a pas les mêmes étoiles que le pôle arctique, on y voit deux amas de petites étoiles à peu de distance l'un de l'autre; au milieu de ces amas de petites étoiles on découvre deux étoiles fort grandes et fort brillantes : elles indiquent le pôle antarctique... Étant au milieu de la mer, nous découvrîmes à l'ouest cinq étoiles fort brillantes placées exactement en forme de croix. »

La direction que Pigafetta indique jusqu'au moment où il repassa la ligne et après, ne pouvant guère être suivie sur une carte, je n'en parlerai pas. « Le 6 mars 1521, par le 12e degré de latitude nord, nous découvrîmes, dit-il, au nord-ouest une petite île et ensuite deux autres au sud-ouest. » Le capitaine essaya de mouiller à la plus grande, mais fut obligé de se retirer n'ayant pu parvenir à réprimer ce qu'il appela la rapacité des habitants, et leur ayant, sans aucun profit, brûlé quarante à cinquante maisons et tué sept hommes. Magellan nomma ces îles *îles des Larronso* (1).

Les habitants, de couleur olivâtre, étaient nus (les femmes portant seules un petit tablier

(1) Aujourd'hui îles *Mariannes*.

d'écorce mince), sans autres armes que des lances garnies d'os de poisson ; leur plaisir était de se promener dans des canots à voile triangulaire et à balanciers, peints en noir, en rouge, en blanc. Cette voile, faite de feuilles de palmiers cousues ensemble, était placée sur le côté, et une longue poutre attachée de l'autre côté, au bout de plusieurs perches, maintenait l'équilibre de l'étroite embarcation.

« Ils furent si émerveillés de nous voir, dit Pigafetta, que nous eûmes lieu de croire qu'ils n'avaient jamais vu d'autres hommes que ceux de leurs îles. » Il ajoute : « Lors de notre départ, nous vîmes dans leurs canots des femmes qui pleuraient et s'arrachaient les cheveux, probablement parce que nous avions tué leurs maris. »

Le 16 mars, l'escadre se trouve à trois cents lieues de ces îles, en face d'une terre élevée, d'une île, près de laquelle une autre île inhabitée s'offre à Magellan pour lieu de repos. « Il fit aussitôt dresser une tente pour les malades et tuer une truie », qu'il avait *prise* sans doute aux îles des Larrons.

Suivent huit jours de relations amicales et de paisibles échanges avec les habitants de l'île voisine, qui viennent les premiers dans leurs barques, visiter les étrangers. La confiance qu'ils inspirent aux Espagnols est telle que Magellan, qui a précédemment répondu à leur politesse par des présents, se rend, dans leurs canots, à leurs magasins de clous de girofle, de cannelle, de poivre, de noix muscade, leur faisant voir en retour l'intérieur de son vaisseau et les étonnant fort par la décharge d'un canon. — Ces insulaires étaient de couleur olivâtre, sans autre vêtement qu'un petit tablier d'écorce, le corps tatoué et enduit d'huile de cocotier (1). Leurs longs cheveux noirs descendaient jusqu'à la ceinture.

« Leurs armes, dit le narrateur, sont des coutelas de fer ou de pierre, des boucliers, des massues ou des lances garnies d'or. Pour instrument de pêche, ils ont des dards, des harpons et des filets faits à-peu-près comme les nôtres. Leur chef, vieillard au visage peint, avait des pendants d'oreilles d'or. Ceux de sa suite avaient des bracelets d'or au bras et des mouchoirs autour de la tête ». Les Espagnols leur achetèrent des noix de cocos, des oranges, du vin de palmier, des pistaches, des poules, etc.

(1) Pigafetta énumère au long les services que le cocotier rend à ces peuples, leur fournissant du pain, du vin, de l'huile, du vinaigre, des cordes, etc.

Le 17 mars, Magellan aperçut une quantité d'îles autour de cette île, appelée *Humunu*, et les nomma l'archipel *Saint-Lazare*. Elles furent nommées plus tard les *Philippines*, en l'honneur du fils de Charles-Quint.

Repartie le 25 mars, l'escadre passe au milieu de plusieurs îles et s'arrête devant l'une d'elles le 23. Une petite barque, s'approchant des navires, non sans défiance, montée par huit hommes, Magellan leur fit adresser la parole par *son esclave*, natif de Sumatra. *Ils le comprirent.* Deux heures après vint leur roi, dans une grande barque, sous un dais de nattes; lorsqu'il fut près du vaisseau, l'esclave du capitaine lui parla, et *ce roi le comprit très-bien*, dit Pigafetta.

Il ne s'en fallait donc plus de beaucoup que l'esclave de Sumatra n'eût fait le tour du monde. Le chemin qui restait à faire était faisable, puisque la langue de Sumatra l'avait fait.

Quant au roi, il envoie d'abord des députés sur le vaisseau de Magellan, qui leur fait le meilleur accueil. Le lendemain, sur les assurances amicales communiquées par l'esclave sumatrien, le roi consent à se rendre lui-même à bord.

« Il vint, dit Pigafetta, dans notre chaloupe, avec six ou huit de ses principaux sujets, monta à bord, embrassa le capitaine et lui fit présent de trois vases de porcelaine plein de riz cru et couvert de feuilles, de deux dorades assez grosses et de divers autres objets. Magellan avait précédemment refusé un lingot d'or. Le capitaine lui offrit à son tour une veste de drap rouge et jaune, faite à la turque, et un bonnet rouge fin. Il distribua aux hommes de sa suite des miroirs et des couteaux, fit servir le déjeuner et ordonna à l'esclave interprète de dire au roi qu'il voulait vivre en frère avec lui, ce qui parut lui faire grand plaisir.

» Il étala ensuite devant le roi des draps de différentes couleurs; des toiles, du corail et autres marchandises. Il lui fit voir aussi toutes les armes à feu et ordonna même de tirer quelques coups de canon, dont les insulaires furent fort épouvantés. Il fit armer de toutes pièces un d'entre nous et chargea trois hommes de lui donner des coups d'épée et de stylet. Le roi, se tournant vers le Sumatrien, fit dire au capitaine qu'un tel homme pouvait combattre contre cent. — « Oui, répondit l'interprète pour le capitaine, et chacun des trois vaisseaux a deux cents hommes armés de cette façon. »

Après cela le capitaine conduisit le roi au château d'arrière, et s'étant fait apporter la carte et la boussole, il lui expliqua, à l'aide du Sumatrien, comment il avait trouvé le détroit pour venir dans la cour où nous étions, et combien de temps il avait passé en mer sans apercevoir la terre.

« Le roi, étonné de tout ce qu'il venait de voir et d'entendre, prit congé du capitaine, le priant d'envoyer avec lui à terre deux des siens, pour lui faire voir les particularités de son pays. »

Pigafetta fut justement l'un de ceux que Magellan choisît. « Lorsque nous mîmes pied à terre (1), dit-il, le roi leva les mains au ciel et se tourna ensuite vers nous, nous en fîmes autant ainsi que tous ceux qui nous suivaient ; le roi me prit alors par la main et me conduisit sous une espèce de hangar où était un bateau d'environ cinquante pieds de long ; nous nous assîmes sur la poupe et tâchâmes de nous faire entendre par des gestes. Ceux de la suite du roi se tenaient debout, armés de lances et de boucliers.

« On nous servit alors un plat de chair de porc avec une grande cruche de vin ; à chaque bouchée de viande, nous buvions une écuellée de vin, et lorsqu'on ne vidait pas entièrement

(1) Dans l'île de *Massana*.

l'écuelle, on versait le reste dans une autre cruche; l'écuelle du roi était toujours couverte et personne n'osait y toucher que lui et moi; toutes les fois que le roi voulait boire, il levait, avant de prendre l'écuelle, les mains au ciel, puis les tournait vers nous; et au moment qu'il prenait l'écuelle de la main droite, il étendait vers moi la gauche, le poing fermé, et restait dans cette attitude jusqu'à ce qu'il eut fini de boire (sans doute pour boire *à plus long trait*). M'étant aperçu que tous les autres l'imitaient en cela, j'en fis autant avec lui; de la sorte, je ne pus me dispenser de manger de la viande, quoique ce fût le vendredi saint..... »

« Le souper venu, l'on apporta deux grands plats de porcelaine contenant l'un du riz, l'autre du porc cuit dans son jus. Nous passâmes de là au palais du roi qui avait la forme d'une meule de foin; il était couvert de feuilles de bananier, et soutenu assez loin de terre pour que nous eussions besoin d'échelle pour y monter.

» Quand nous y fûmes, le roi nous fit asseoir sur des nattes de roseaux, les jambes croisées; puis l'on apporta un plat de poisson rôti coupé par morceaux, du gingembre que l'on venait de cueillir et du vin.

» Le roi s'en alla et nous laissa avec son fils

avec qui nous dormîmes sur une natte de roseaux, la tête appuyée sur des oreillers faits de feuilles d'arbres. »

Le lendemain le roi vint inviter Pigafetta à déjeuner, mais la chaloupe qui l'attendait lui servit d'excuses. « Le roi, dit-il, était de très-bonne humeur; il nous baisa les mains et nous lui baisâmes les siennes... « Il était, ajoute-t-il, vêtu fort proprement et c'était le plus bel homme que j'ai vu parmi ces peuples : ses cheveux noirs lui tombaient sur les épaules; un voile de soie lui couvrait la tête et il portait aux oreilles deux anneaux d'or; de la ceinture aux genoux, il était couvert d'un drap de coton brodé en soie; il portait au côté une espèce d'épée à long manche : le fourreau était de bois très-bien travaillé; sur chacune de ses dents on voyait trois taches d'or. Il était parfumé de storax et de benjoin; sa peau était peinte, mais le fond en était olivâtre. »

Les seuls incidents qui marquent encore la semaine que les Européens passent auprès de cette île, sont la célébration, à terre, de la messe de Pâques, accompagnée de décharges d'artillerie et suivie d'une danse avec des épées, et la plantation d'une croix sur une montagne. Les insulaires, accourus en foule et sermonnés par le capitaine au moyen de l'interprète, répétaient tous les mouvements des Espagnols, comme les Espagnols répétaient tous les mouvements des insulaires. — Un frère du roi s'offrant à Magellan pour le guider dans les passages, Magellan, pour abréger les retards, envoya quelques-uns des siens l'aider dans sa moisson de riz.

« Les habitants de cette île sont grands buveurs, dit Pigafetta, et mâchent toujours un fruit appelé aréca qui ressemble à une poire, coupé par quartiers, et enveloppé avec un peu de chaux dans des feuilles du même arbre appelé *bètre* (ou bétel), qui ressemblent aux feuilles du mûrier; après qu'ils l'ont mâché, ils le crachent et leur bouche devient toute rouge. Il n'est aucun d'eux qui ne mâche le fruit du bètre, lequel, a ce qu'on prétend, leur rafraîchit le cœur : on assure même qu'ils mourraient s'ils essayaient de s'en abstenir. »

Reprenant sa route au sud-est, la petite escadre passe entre cinq îles, en rencontra trois autres et prenant à bord son royal pilote, arrive le dimanche, 7 avril, dans le port désigné comme le meilleur lieu de relâche et de trafic, le port de *Zubu* : son arrivée est annoncée par une décharge générale de l'artillerie.

Rassuré sur la signification de cet étrange

salut, le roi de Zubu, veut faire payer un droit aux étrangers ; le Sumatrien est chargé de le refuser, offrant à choix la paix ou la guerre. Un marchand maure ou musulman, venu de Siam, s'approchant alors du roi, lui dit : « Seigneur, prenez bien garde ; ces gens-là sont ceux qui ont conquis Calicut, Malacca et toutes les Grandes-Indes. » — Le retentissement des victoires portugaises tournait ici au profit des Espagnols. Le lendemain, le roi de Zubu demandait à être compté parmi les tributaires de l'empereur ; Magellan ne voulait que le commerce exclusif de son île. Il fit voir au marchand maure un de ses hommes armé de pied en cap et le chargea de redire au roi de Zubu qu'il lui était aussi facile de mettre en fuite les ennemis de son roi et de sa religion que d'essuyer la sueur de son front avec son mouchoir.

Pigafetta envoyé à terre en ambassade pour porter des présents au roi et arrêter les conditions du traité, fut à même d'observer l'intérieur de sa maison et les habitudes de sa table, mais ces détails nous conduiraient trop loin (1) Ma-

(1) « Le roi, dit-il, était assis par terre sur une natte de palmier ; son corps était tout nu n'ayant qu'une pièce de toile de coton qui lui couvrait les parties naturelles, un voile brodé à l'aiguille autour de la tête, un collier de grand prix au cou, et aux oreilles deux grands cercles d'or entourés de pierres précieuses. Il était petit, replet et peint de diffé-

gellan avait enjoint aux insulaires de se faire baptiser eux et leurs femmes, après leur avoir expliqué les motifs qui devaient les y porter et les avantages qui en résulteraient pour eux.

« Émus et persuadés de tout ce qu'ils venaient d'entendre, ils avaient répondu qu'ils avaient toute confiance en lui ; sur quoi le capitaine pleurant d'attendrissement les avait embrassés tous. »

Le 14 avril, un échafaud fut élevé dans la place même précédemment consacrée pour la sépulture d'un Espagnol, échafaud sur lequel le capitaine et le roi s'assirent sur des siéges de velours vert et bleu, et s'expliquèrent de nouveau par l'interprète, sur les conséquences temporelles et spirituelles du baptême ; une grande croix fut ensuite plantée dans la place et l'injonction publiée, à tous ceux qui voulaient embrasser le christianisme de détruire toutes leurs idoles et de mettre la croix à la place.

« Le capitaine prenant alors le roi par la main le reconduisit vers l'échafaud où on l'ha-

rentes manières ; il mangeait à terre, sur une autre natte, des œufs de tortue contenus dans deux vases de porcelaine, ayant devant lui quatre cruches de vin de palmier couvertes d'herbes odoriférantes. Dans chacune de ces cruches il y avait un tuyau de roseau, par le moyen duquel il buvait. »

Des musiciennes et des danseuses, la plupart complétement nues, presque aussi blanches que les Européennes, égayaient du retentissement harmonieux de leurs cymbales la maison du gendre du roi.

billa entièrement de blanc et on le baptisa avec le roi de *Massana;* le prince son neveu, le marchand maure et d'autres encore au nombre de cinq cents.... On célébra ensuite la messe.

» Après dîner nous allâmes en grand nombre à terre avec notre aumônier pour baptiser la reine et d'autres femmes... Nous baptisâmes ce jour-là près de huit cents personnes, hommes, femmes, enfants; la reine, jeune et belle personne, était vêtue entièrement d'un drap noir et blanc, portait un chapeau en parasol surmonté d'une triple couronne formée de feuilles de palmier, qui ressemblait à la tiare du pape; elle avait la bouche et les ongles peints d'un rouge très-vif. »

Les jours suivants, tous les habitants de Zubu et des îles voisines furent baptisés. « Il y eut cependant un village, continue Pigafetta, dont les habitants refusèrent d'obéir au roi et à nous. *Après l'avoir brûlé, on y planta une croix*, parce que c'était un village d'idolâtres. Si c'eût été un village de Maures, c'est-à-dire de mahométans, on y aurait élevé une colonne de pierre pour marquer l'endurcissement de leur cœur. »

Le capitaine général descendait tous les jours à terre pour entendre la messe et catéchiser les nouveaux chrétiens. Les visites et les présents se succédaient chaque jour; les Espagnols tenaient en outre leur marché, mais, affectaient par prudence, sur l'ordre rigoureux du capitaine, de ne pas rechercher l'or qui leur était offert de toutes parts (1).

Magellan offrait chevaleresquement à tous ses alliés le secours invincible de ses armes : un chef d'une île voisine le prit au mot, le priant d'attaquer de nuit un autre chef, son rival.

Le 26 avril 1521, Magellan partit à minuit, avec trois chaloupes, portant en tout *soixante* hommes armés de cuirasses et de casques. Le roi de Zubu et d'autres chefs le suivaient avec vingt ou trente grands bateaux chargés d'hommes; trois heures avant le jour, ils étaient devant l'île en question : leurs adversaires refusèrent la paix et obtinrent que l'attaque fût remise au matin, au point du jour. Onze personne restant pour la garde des chaloupes, *quarante-neuf* Européens seulement gagnèrent la terre avec de l'eau jusqu'aux cuisses. Magellan voulut que le roi de Zubu restât spectateur inactif du combat : laissons parler Pigafetta.

(1) C'est dans cette île de Zubu qu'ils eurent les premiers renseignements sur les îles *Malucco* ou Moluques.

« Nous trouvâmes, dit-il, les insulaires au nombre de quinze cents, formés en trois bataillons, qui se jetèrent sur nous avec un bruit horrible, sur les côtés et de front..... Les mousquetaires et les arbalétriers tirèrent de loin pendant une demi-heure sans faire le moindre mal aux ennemis ou du moins fort peu; les balles et les flèches avaient beau percer leurs boucliers de bois et leur blesser les bras, cela ne les arrêtait pas : désabusés qu'ils étaient sur la mort subite à laquelle ils s'étaient attendus, se fiant à leur nombre, ils faisaient pleuvoir sur nous une nuée de lances de roseaux, de pieux durcis au feu, de pierres et même de terre, de sorte qu'ils nous était fort difficile de nous défendre. Des pieux ferrés au bout, furent dirigés contre notre capitaine qui fit mettre le feu à leurs cases. La vue des flammes les rendit plus furieux; deux de nos gens furent tués sur la place, du côté des maisons incendiées; le nombre des assaillants semblait augmenter, avec leur impétuosité. Une flèche empoisonnée vint percer la jambe du capitaine, qui nous commanda de nous retirer lentement et en bon ordre, mais la plupart de nos gens prirent précipitamment la fuite, de manière que nous restâmes à peine sept à huit avec le capitaine.

« Les Indiens voyant que nos jambes étaient sans défense ne dirigèrent plus ailleurs leurs flèches, leurs lances et leurs pierres : les bombardes de nos chaloupes ne nous étaient d'aucune utilité, ne pouvant approcher assez du rivage ; nous nous retirions peu-à-peu en combattant toujours et nous avions déjà de l'eau jusqu'aux genoux et tenions depuis près d'une heure, lorsque les insulaires, qui connaissaient notre capitaine, firent deux fois sauter son casque ; il ne céda pas et nous combattions en très-petit nombre à ses côtés. Un insulaire réussit enfin à pousser le bout de sa lance dans le front du capitaine qui le perça avec la sienne et la lui laissa dans le corps ; il voulut alors tirer son épée, mais il ne le put, parce qu'il avait le bras droit grièvement blessé. Les Indiens, qui s'en aperçurent, se portèrent tous vers lui ; l'un d'eux lui asséna un si grand coup de sabre sur la jambe gauche qu'il tomba sur le visage : au même instant les ennemis se jetèrent sur lui.

« Ainsi périt notre guide, notre lumière et notre soutien. C'est à sa mort que nous dûmes notre salut..... Cette malheureuse bataille se donna le 27 avril 1521, qui était un samedi, jour que le capitaine avait choisi lui-même, parce qu'il l'avait en dévotion particulière. Huit de nos gens et quatre Indiens baptisés périrent avec lui. » — Quant à son corps, les vainqueurs se gardèrent de le rendre.

Le maître mort, l'esclave a son rôle. — Le premier mai, le roi baptisé invite à dîner les principaux de l'escadre ; vingt-quatre s'y rendent, entre autres l'astronome et astrologue de l'expédition, San Martino de Séville, qui n'avait pas deviné le sort qui l'attendait. Des cris avertirent bientôt ceux qui étaient restés en mer. Vainement ceux-ci canonnèrent-ils les maisons du rivage. L'un de leurs chefs, Jean de Serano, lié et blessé, fut amené sur la grève, les suppliant de cesser le feu, s'il ne voulaient le voir tuer comme tous les autres ; l'esclave seul survivait, délivré et vengé.

Un bien triste spectacle vint alors assombrir le départ de l'escadre. Serano suppliait ses compatriotes de le racheter avec des marchandises ; mais Jean Carvajo, quoique son compère, joint à quelques autres, refusèrent de traiter de sa rançon, et ne permirent plus aux chaloupes d'approcher de l'île, *parce que le commandement leur appartenait par la mort des deux gouverneurs.* « Jean Serano, dit Pigafetta, continuait à implorer la pitié de son compère, disant qu'il serait massacré au moment où nous mettrions à la voile : voyant enfin ses prières inutiles, il se livra aux imprécations les plus terribles, et pria Dieu qu'au jour du jugement il fît rendre compte de son âme à Jean Carvajo, son compère; *mais on ne l'écouta point* et nous partîmes sans avoir eu depuis aucune nouvelle de sa vie ou de sa mort. »

Faute d'hommes, ils brûlent, à dix-huit lieues de là, dans une baie de l'île de Bohol, un de leurs trois vaisseaux, la *Conception.* Voguant au sud-sud-ouest, ils côtoient une île habitée par des Noirs, puis arrivent à l'île de Mindanao. Le roi de l'endroit, comme la plupart des rois dont nous avons parlé, se tira du sang du bras en signe d'amitié, et les Espagnols firent la même cérémonie.

Pigafetta, envoyé à terre auprès du roi et de la reine, remarqua sur son chemin trois hommes pendus à un arbre. — Autre mouillage à l'île de Cagayan « peuplée de Musulmans exilés de Burné ou Bornéo, qui prennent les Espagnols pour des saints; » puis, vers l'ouest-sud-ouest, à la grande et fertile île de Paloan ou de Paragua : enfin dix lieues plus loin au sud-ouest, les deux vaisseaux se trouvent en face d'une grande terre (l'île de Bornéo) qu'ils côtoient pendant cinquante lieues. « A peine y eûmes-nous jeté l'ancre, dit le voyageur, qu'il s'éleva une grande tempête et nous vîmes le *feu de Saint-Elme* attaché à nos mâts. »

Le lendemain, le roi envoya aux étrangers une belle pirogue, chargée de musiciens et de vieillards, dont la poupe et la proue étaient ornées d'or. La proue portait un pavillon blanc et bleu avec un panache de plumes de paon. Les vieillards présentent aux Espagnols des vases de bois remplis de bétel, de fleurs d'oranger et de jasmin ; le tout recouvert d'un drap de soie jaune; deux cages pleines de poules, deux chèvres, trois vases de *vin de riz*, ou mieux d'eau-de-vie de riz et de cannes à sucre. Suivent d'autres envois encore auxquels les Espagnols répondent par des présents. « Le présent destiné au roi consistait en un habit à la turque, de velours vert, une chaise de velours violet, cinq brasses de drap rouge, un bonnet, une tasse de verre doré, une autre tasse de verre avec son couvercle, un écritoire doré et trois cahiers de papier; celui de la reine, en trois brasses de drap jaune, une paire de souliers argentés, un étui d'argent plein d'épingles, etc.

La remise de ces présents, le 16 juillet, est précédée de beaucoup de cérémonies. Deux éléphants, couverts de soie, viennent chercher les députés espagnols au rivage ; douze hommes, portant les présents dans de grands vases de porcelaine (1) leur montrent le chemin par les rues de la ville (2), entre deux haies d'hommes armés de lances, d'épées et de massues.

« Nous entrâmes sur nos éléphants dans la cour du palais, dit Pigafetta, où, ayant mis pied à terre, nous montâmes par un escalier, accompagnés du gouverneur et de quelques officiers ; ensuite nous entrâmes dans un grand salon rempli de courtisans, que nous appellerions *barons* du royaume. Là nous nous assîmes sur des tapis, et les présents furent placés près de nous.

» Au bout de ce salon était une autre salle plus petite, tapissée de draps de soie, où l'on haussa deux rideaux de brocard, qui découvrirent deux fenêtres par lesquelles l'appartement

(1) « Ayant vu à Burné beaucoup de *porcelaine*, je voulus aussi, dit Pigafetta qui vient de parler du *camphre*, prendre quelques renseignements sur ce sujet. On me dit qu'on la fait avec une espèce de terre blanche qu'on laisse sous terre pendant un demi-siècle pour la raffiner, etc. »

(2) La ville de Bornéo, bâtie sur pilotis ; « au-devant de la maison du roi, dit Pigafetta, il y a une grande muraille bâtie de grosses briques, avec des barbacanes, en manière de forteresse sur laquelle on voit cinquante-six canons de bronze et six de fer ; on en tira plusieurs coups pendant les deux jours que nous passâmes dans la ville. »

se trouva éclairé. Nous y vîmes trois cents hommes de la garde du roi, armés de poignards dont ils appuyaient la pointe sur leur cuisse. Au bout de cette salle, il y avait une grande porte, fermée aussi par un rideau de brocard, qui, haussée de même, nous laissa voir le roi (1) assis devant une table avec un petit enfant, et mâchant du bétel. Derrière lui, il n'y avait que des femmes.

» Un des courtisans nous avertit alors qu'il ne nous était pas permis de parler au roi; mais que nous pouvions nous adresser à lui, qu'il transmettrait notre demande à un courtisan d'un rang supérieur, lequel la repasserait au frère du gouverneur, qui était dans la petite salle, lequel, au moyen d'une sarbacane placée dans un trou de la muraille, la transmettrait à l'un de ceux qui approchaient le roi, qui la recevrait de celui-ci.

» Il nous avertit qu'il fallait que nous fissions trois révérences au roi, en élevant nos mains jointes au-dessus de notre tête, et en levant tantôt un pied, tantôt l'autre. Ayant fait les trois révérences de la manière que l'on avait indiquée, nous fîmes savoir au roi que nous appartenions au roi d'Espagne, qui désirait de vivre

(1) « Ce roi est musulman », dit Pigafetta.

en paix avec lui, et ne demandait autre chose que de pouvoir trafiquer dans son île.

» Le roi nous fit répondre qu'il était charmé que le roi d'Espagne fût son ami, que nous pouvions nous fournir d'eau et de bois dans ses états, et y trafiquer à notre volonté.

» Nous lui offrîmes alors les présents que nous avions apportés, et, sur la présentation ou l'acceptation de chacun d'eux, il faisait un petit mouvement de tête. On nous donna à chacun de la brocatelle et des draps d'or et de soie. On nous servit un déjeuner de clous de girofle et de cannelle, après quoi on laissa tomber tous les rideaux et on ferma les fenêtres.

» Tous ceux qui étaient dans le palais du roi avaient autour de la ceinture des draps d'or, portaient des poignards à manches d'or, garnis de perles et de pierreries, et plusieurs bagues. Nous remontâmes sur nos éléphants et retournâmes à la maison du gouverneur. »

La pompe européenne pâlissait ici devant la pompe asiastique.

Huit jours après, les deux vaisseaux, voyant arriver vers eux des centaines de pirogues, et redoutant une trahison, mettent sur-le-champ à la voile, abandonnant une ancre, et canonnent dans leur fuite plusieurs grandes jonques, qui semblaient venues pour leur barrer la route. « Nous y tuâmes beaucoup de monde, dit Pigafetta; quatre jonques devinrent notre proie, et quatre autres se sauvèrent en allant échouer à terre. Nous prîmes le capitaine-général du roi de Bornéo. Carvajo, séduit par une forte somme d'or, lui rendit secrètement la liberté. » — Il en fut bien puni : deux Espagnols étaient à terre avec son fils; *le roi*, qui les eût échangés peut-être contre son capitaine, *ne voulut pas les rendre*. Seize des principaux de l'île et trois femmes furent retenus à bord.

Les deux vaisseaux retournent en arrière cherchant un endroit où ils puissent se radouber en paix, très-avariés l'un et l'autre, et capturent en route quelques pirogues. Ils s'arrêtent entre le cap nord de Bornéo et l'île de Cinbonbon, et font là, quarante-deux jours durant, les réparations nécessaires. Chacun de nous, dit le voyageur, travaillait de son mieux, l'un d'une manière et l'autre d'une autre. Ce qui nous coûtait le plus c'était d'aller chercher le bois dans les forêts, parce que tout le terrain était couvert de ronces et d'arbustes épineux, et que nous étions tous *pieds nus*. »

Je ne vous nommerai pas toutes les îles

qu'ils rencontrent sur leur chemin, pillant ici une jonque dont ils rançonnent les riches propriétaires à la générosité desquels ils répondent ensuite eux-mêmes par des présents ; se quittant bons amis après avoir fait connaissance et se tirant des coups de fusil avant de faire connaissance ; trafiquant avec quelques insulaires ; tuant un autre jour sept hommes sur dix-huit que portait une grande barque, et voguant à la recherche des Moluques sur la foi de leurs prisonniers : singulier mélange de confiance et de défiance, de brigandage et d'honnêteté.

« Le samedi, 26 octobre, à l'entrée de la nuit, en côtoyant l'île de Biraham-Batolach, nous essuyâmes (dit Pigafetta) une terrible bourrasque pendant laquelle nous amenâmes toutes nos voiles et priâmes Dieu de nous sauver ; alors nous vîmes au bout des mâts nos trois Saints qui dissipèrent l'obscurité. Ils s'y tinrent pendant plus de deux heures, *Saint-Elme* sur le mât du milieu, *Saint-Nicolas* sur le mât de misaine et *Sainte-Claire* sur le mât de trinquet. — En reconnaissance de la grâce qu'ils venaient de nous accorder, nous promîmes à chacun d'eux un esclave et leur fîmes aussi une offrande...

« Nous nous arrêtames un jour dans l'île de *Sarangani* et y prîmes *par force* deux pilotes pour nous conduire aux îles Malucco. »

Pigafetta compte encore ici un grand nombre d'îles, puis il ajoute : « Le mercredi 6 novembre 1521, ayant dépassé ces îles, nous en reconnûmes quatre autres assez hautes à quatorze lieues vers l'est. Le pilote que nous avions pris à Sarangani nous dit que c'étaient les îles *Malucco*. — Nous rendîmes alors grâce à Dieu et en signe de réjouissance nous fîmes une décharge de toute notre artillerie. On ne sera pas étonné de la grande joie que nous éprouvâmes à la vue de ces îles, quand on considérera qu'il y avait vingt-sept mois moins deux jours que nous courions les mers et que nous visitions une infinité d'îles, toujours en cherchant les Malucco » (1).

Le 8 novembre, trois heures avant le coucher du soleil, les deux vaisseaux entrèrent dans un port de l'île de *Tadore* (aujourd'hui *Tidor*), mouillèrent près de la terre, par vingt brasses

(1) « Les Portugais, dit Pigafetta, ont débité que les Malucco sont placées au milieu d'une mer impraticable à cause des bas-fonds que l'on y rencontre partout et de l'atmosphère chargée de brouillards. Cependant nous avons trouvé le contraire; jamais nous n'eûmes moins de cent brasses d'eau jusqu'aux Malucco même. » — Les Espagnols et les Hollandais ont bien des reproches pareils à se faire.

d'eau, et annoncèrent leur arrivée par une décharge de toute leur artillerie.

Nous voici enfin dans cette île d'où le Portugais François Serano, avait envoyé à Magellan les secrets de la navigation portugaise. — *Le tour du monde* (par les Européens) *est achevé.* Lors de l'arrivée des Espagnols, Serano était mort depuis huit mois; le roi de Tadore lui avait donné du poison dans du bétel (1).

Les sept semaines que Pigafetta passe à Tadore sont principalement employées à cimenter la future alliance de l'Espagne avec le roi de Tadore et des quatre autres îles spécialement désignées, en ce temps-là, par le nom de *Molluques*, à l'approvisionnement de vivres des deux bâtiments et à l'acquisition d'une immense cargaison de clous de girofle. Je ne m'arrêterai pas à vous décrire les visites réciproques du roi et des chefs espagnols, et leurs présents mutuels. Ce serait la répétition de ce que vous avez vu plus haut; seulement ils ne parlent pas de convertir et de baptiser ce roi qui est musulman; ce roi duquel ils acceptent les serments qu'il fait sur le Coran et au nom d'Allah; ce roi pour lequel enfin (tant est grand sur eux, le charme et l'attrait de cette île à

(1) « Le roi de Tadore est grand astrologue, » dit le narrateur.

girofle!) ils ont cette déférence, de tuer tous les porcs qu'ils ont à bord de leurs navires, recevant, il faut le dire, une juste compensation en chèvres et en volaille.

Dès le 12 novembre, leur marché s'ouvre sous un hangar que le roi a fait construire à cet effet. Voici le taux de leurs échanges : *quatre cent six livres* de clous de girofle pour dix brasses de drap rouge, autant pour quinze brasses de qualité moyenne; autant pour quinze haches; autant pour trente-cinq tasses de verre; autant pour cent cinquante couteaux; autant pour cinquante paires de ciseaux, etc. Les derniers jours, ils finirent par obtenir les quatre cent six livres de girofle pour deux aunes de ruban. Chaque matelot troquait ses hardes contre des clous de girofle (1).

D'ailleurs un Portugais, établi depuis seize ans dans les Indes et depuis dix ans aux Moluques (2), pressait leur départ, leur apprenant tous les efforts que faisaient ses compatriotes pour découvrir la flottille de Magellan. Ce Por-

(1) Pigafetta décrit le *giroflier*, *l'arbre de la noix de muscade* et *l'arbuste du gingembre*, *etc*.

(2) « Les Portugais, dit Pigafetta, gardaient le plus profond silence sur la découverte de ces îles... Le commerce qu'ils avaient le plus à cœur de cacher aux Espagnols était celui qu'ils faisaient allant (en trois jours) des îles *Malucco* à *Bandan* et (en quinze) de *Bandan* à Malaca.

tugais (Pierre Alphonse de Lorosa) fournit aux Espagnols plusieurs renseignemets précieux sur ces parages et finit par se décider à revenir avec eux.

« Le 16 décembre, dit Pigafetta, nous mîmes aux vaisseaux des voiles neuves sur lesquels on avait peint la croix de Saint-Jacques de Galice avec cette inscription : *questa è la figura de nostra buena ventura*... Le 17, nous embarquâmes sur chacun des deux bâtiments quatre-vingts tonneaux d'eau »; le 18, tous les préparatifs du départ étaient faits, la *Victoire* avait même pris les devants quand on s'aperçut que la *Trinité* avait une forte *Voie d'eau* à fond de cale; après bien des efforts inutiles, il fut résolu que la *Trinité* resterait pour être radoubée et regagnerait le Chili ou le Pérou. « Le roi dit alors qu'il avait cent cinquante charpentiers qui seraient tous employés à ce travail sous la direction de nos gens, et que ceux qui resteraient dans l'île seraient traités comme ses propres enfants. Il prononça ces mots avec tant d'émotion qu'il nous fit verser des larmes à tous » (1).

La *Victoire*, trop chargée, fut obligée de renvoyer à terre six mille livres pesant de clous

(1) La *Trinité* fut prise à Tadore par les Portugais.

de girofle; quelques-uns des hommes de son équipage aimèrent mieux attendre aux Moluques que de risquer le retour : Jean Carvajo y resta avec *cinquante-trois* autres.

Le 21 décembre, samedi, jour de Saint-Thomas, après avoir attendu les lettres de ceux qui restaient, la *Victoire* (munie de deux pilotes indiens bien et dûment payés), la *Victoire* prit congé de la *Trinité* par une décharge réciproque de l'artillerie. « Nos compagnons, dit Pigafetta, nous suivirent aussi loin qu'ils purent avec leur chaloupe et nous nous séparâmes en pleurant ». L'équipage se composait de *quarante-sept* Européens et de *treize* Indiens.

Pigafetta donne peu de détails sur le reste de la route, où plutôt ses compagnons se soucièrent peu d'en recueillir davantage, redoutant partout la rencontre des Portugais, et forcés ainsi d'éviter les côtes de l'Inde qui eussent fourni de merveilleux sujet de récit au narrateur. Pigafetta s'en dédommage en enregistrant tout ce que les pilotes indiens lui ont transmis de vrai ou de faux sur Célèbes, Java, la Chine, sur les hommes et femmes d'une coudée de haut, à oreilles si longues que l'une leur sert de matelas et l'autre de couverture; sur les femmes brûlées au bûcher de leur mari;

sur le grand arbre aux oiseaux si forts qu'ils enlèvent un éléphant, etc.

La *Victoire*, se dirigeant de Tadore (ou Tidor) au sud-ouest, passe d'abord entre nombre d'îles, puis, sur l'avis des Indiens, mouille à *Sullach* (ou Xulla), île peuplée d'antropophages; puis dans l'île de *Bura;* puis le 10 janvier 1522, après une terrible tempête, dans l'île de *Mallua*, peuplée d'antropophages « plus semblables, dit Pigafetta, à des bêtes brutes qu'à des hommes... Aussitôt, ajoute-t-il, que leurs femmes nous aperçurent, elles s'avancèrent vers nous l'arc à la main, dans une attitude menaçante. » Quelques petits présents adoucirent pourtant leur humeur sauvage et permirent à l'équipage de radouber là les flancs du navire.

Le 25 janvier, ils arrivent à l'île de *Timor* (à cinq lieues au sud-ouest de Mallua) rançonnent, pour se procurer des vivres, un chef, venu de confiance les visiter, puis l'apaisent par des présents. « Le mardi, 11 février, continue Pigafetta, nous quittâmes l'île de Timor et entrâmes dans la grande mer... Pour doubler le cap Bonne-Espérance, nous nous élevâmes jusque par le 42° degré de latitude sud, et il nous fallut rester *neuf* semaines vis-à-vis de ce cap, les voiles amenées, à cause des vents d'ouest et de nord-ouest que nous eûmes constamment et qui finirent par une terrible tempête... Le cap de Bonne-Espérance est le plus grand et le plus périlleux cap connu de la terre.

« Quelques-uns d'entre nous et surtout les malades, auraient voulu prendre terre à *Mozambique* où il y a un établissement Portugais, à cause des voies d'eau qu'avait le vaisseau, du froid piquant que nous ressentions, mais surtout parce que nous n'avions plus que du riz et de l'eau pour toute nourriture et boisson : toute la viande, que, faute de sel, nous n'avions pu saler, était putréfiée...

» Enfin, avec l'aide de Dieu, nous doublâmes, le 6 mai, ce terrible cap ; mais il fallut nous en rapprocher à la distance de cinq lieues, sans quoi nous ne l'aurions jamais dépassé.

» Nous courûmes ensuite vers le nord-ouest pendant deux mois entiers, sans jamais prendre de repos, et pendant cet intervalle nous perdîmes *vingt-un* hommes, tant Chrétiens qu'Indiens... Nous manquions totalement de vivres, et si le ciel ne nous eût pas accordé un temps favorable, nous serions tous morts de faim. »

— Le neuf juillet, jour de *mercredi*, ils découvrent enfin les îles du cap Vert, et vont mouiller à l'île Saint-Jacques ; réduits là, pour obtenir des vivres en échange de leurs marchandises, à se donner pour des arrivants d'Amérique : deux fois la chaloupe revient pleine de riz ; à la troisième fois (trahie par un matelot) la chaloupe et treize hommes sont retenus par les Portugais de l'île.

» Pour voir, dit Pigafetta, si nos journaux avaient été tenus exactement, nous fîmes demander à terre quel jour de la semaine c'était; on nous répondit que c'était *jeudi*, ce qui nous surprit, parce que, suivant nos journaux, nous n'étions qu'au mercredi. Nous ne pouvions nous persuader qu'il nous fût arrivé à tous de nous tromper d'un jour, et moi, j'en fus plus étonné que les autres, parce qu'ayant toujours été assez bien portant pour tenir mon journal, j'avais, sans interruption, marqué le jour de la semaine et le quantième du mois. Nous apprîmes dans la suite qu'il n'y avait pas d'erreur dans notre calcul, parce qu'ayant toujours voyagé vers le couchant, en suivant le cours du soleil et étant revenus au même point, nous devions avoir gagné vingt-quatre heures sur ceux qui étaient restés en place (1).

(1) Il est clair que le soleil avait fait pour eux un tour de moins que pour les autres, puisqu'ils avaient fait eux-mêmes une fois le même tour que le soleil (à supposer que le soleil tourne autour de la terre, et pour parler selon les apparences.)

» Grâce à la Providence, nous entrâmes le samedi 6 septembre, dans la baie de San-Lucar; de *soixaate* hommes que nous étions quand nous partîmes des îles Malucco, nous n'étions plus que *dix-huit*, pour la plupart malades. Les uns s'étaient enfuis dans l'île de *Timor*; d'autres y furent condamnés à mort pour crimes, d'autres enfin avaient péri de faim.

» De notre départ de San-Lucar jusqu'à notre retour, nous comptâmes avoir parcouru au-delà de quatorze mille quatre cent soixante lieues, et fait le tour du globe entier, en courant toujours de l'est à l'ouest.

» Le 8 septembre, nous jetâmes l'ancre près du môle de Séville, et déchargeâmes toute notre artillerie.

» Le mardi 19, nous nous rendîmes tous à terre, en chemise et pieds nus, avec un cierge à la main, pour aller visiter l'église de Notre-Dame de la Victoire et celle de Sainte-Marie d'Antigua, comme nous avions promis de le faire dans les moments de détresse. »

La *Victoire* fut religieusement conservée à Séville, et périt enfin de vétusté.

VOYAGE DE DRAKE.

Cinquante-six ans s'écoulèrent avant qu'une autre escadre reparût (par l'est) dans le grand Océan. (1). On ne sait presque rien de ses premières années; le célèbre critique anglais, *Samuel Johnson* (2), qui a recueilli à-peu-près tous les documents connus sur son compte, dit seulement que Drake était fils d'un ecclésiastique du comté de *Devon*, qu'il dut quitter par suite des troubles religieux pour celui de *Kent*. Placé comme apprenti de marine chez un chaloupier qui faisait le commerce de France et des Pays-Bas, il montra tant d'activité et de patience, se fit tellement aimer de son maître que celui-ci, en mourant, lui légua son petit bâtiment. Tel fut le commencement de sa fortune.

La réflexion dont Johnson accompagne ce fait, si vulgaire qu'elle soit, a tant besoin

(1) *Francis Drake*, le successeur immédiat de Magellan, naquit en 1545.

(2) Œuvres complètes de Johnson, tome IV.

d'être toujours présente à tous, que je crois bien faire de l'insérer textuellement ici, bien qu'elle nous éloigne de notre voyage.

« S'il n'était hors de propos, dit-il, de s'arrêter plus longtemps sur un incident qui semble, à la première vue, si peu de chose, j'ajouterais que cet incident mérite de fixer l'attention de ceux qui rencontrant des travaux qui sont au-dessous de leurs forces, les laissent de côté avec une paresse dédaigneuse, et perdant le temps à faire des projets chimériques, à dresser des plans d'entreprises futures, laissent échapper les occasions qui se présentent d'un avantage plus humble, comme indigne de leurs efforts. *Qu'ils apprennent par l'exemple de* DRAKE *que l'exactitude dans les plus modestes emplois est l'acheminement le plus sûr vers les grandes choses.* »

Plus tard Drake vendit ce bâtiment et risqua la petite fortune qu'il lui devait, dans le commerce des Indes occidentales. L'Angleterre entrait alors dans la carrière de la navigation américaine. L'Espagne regardait tout nouvel établissement comme une usurpation de ses droits; tout moyen lui paraissait permis pour les défendre. Un jour un capitaine anglais obtint des Espagnols de naviguer et de trafiquer dans le golfe du Mexique. Attaqué sans déclaration de guerre, au mépris de l'autorisation formelle qu'il avait reçue, au mépris de la paix qui régnait alors entre l'Angleterre et l'Espagne, il perdit quatre vaisseaux et un grand nombre d'hommes tués ou faits prisonniers, « faits esclaves », dit Johnson.

Presque toute la fortune de Drake était là. Les réclamations furent vaines. Ce désastre et ce manque de foi expliquent la vie de Drake, consacrée toute entière à donner des leçons à l'Espagne. Deux autres voyages en Amérique le mirent à même d'étudier les mers et les côtes espagnoles.

Le 24 mai 1572, F. Drake et son frère *John* sortirent de Plymouth avec deux bâtiments, l'un de 70 tonneaux (la Pasque), l'autre de 25 tonneaux (le Cygne) : soixante-treize hommes, des vivres pour un an, etc. — pour aller à quinze cents lieues de là, et dans ses propres mers, tirer des représailles de la plus puissante nation du monde.

Je n'entrerai pas dans le détail des étonnantes choses que cette petite troupe accomplit sous le sentiment de l'injustice et avec l'aide des déserteurs noirs; attaquant les Espagnols dans leurs propres établissements, prenant *Nombre-*

de-Deios et Vera-Cruz, et recueillant un immense butin. Voici comment Johnson termine le récit de cette expédition.

« Ils quittèrent la côte d'Amérique qu'ils avaient tenue pendant plusieurs mois dans de perpétuelles alarmes, ayant pris plus de deux cents bâtiments de toute grandeur entre *Carthagène et Nombre-de-Dios*, n'en détruisant aucun, à moins qu'il n'eût été équipé contre eux, et ne gardant leurs prisonniers qu'autant qu'ils le fallait pour leur sûreté, les traitant du reste comme leurs propres compatriotes et les protégeant contre les ressentiments des Noirs... »

Un fait peint mieux que toutes les paroles l'enthousiasme qui les accueillit au retour : « Ils arrivèrent à Plymouth le 9 août 1573, un dimanche après-midi. *Le peuple* (solennelle et mémorable infraction à la rigidité protestante!), *le peuple abandonna le prêche* pour courir à leur rencontre et fit retentir le quai d'acclamations et de coups de fusil. »

Drake (toujours poursuivi par la même pensée) méditait depuis longtemps un autre projet d'attaque ; — il lui fallut quatre ans pour vaincre les obstacles que rencontrent toujours les grands desseins. Il obtint enfin de la reine

Élisabeth le commandement général de cinq vaisseaux (1). Ces vaisseaux équipés en partie par Drake lui-même, en partie par d'autres particuliers, et portant *cent soixante-quatre* hardis matelots, ne devaient pas négliger de donner une haute idée de la puissance de l'Angleterre. Entre autres précautions pour atteindre ce but, Drake se munit d'un service complet, en argent, pour sa table, d'un grand nombre de vases du même métal, et se fit accompagner de plusieurs musiciens.

C'est le 15 novembre 1577, que l'escadre quitta Plymouth; obligée d'y rentrer par un mauvais temps, elle repartit le 13 décembre. Le 25, elle était en vue du cap Cantire, sur la côte de Barbarie; le 27, elle se rallia à l'île de Mogador. Les relations des Anglais avec les Maures musulmans sont dès le premier moment sur le pied de l'égalité; les Maures envoient deux des leurs à bord et reçoivent deux des hommes de Drake en otage.

Le lendemain, les otages envoyés de nouveau par Drake, pris pour des Portugais, sont liés et livrés au roi, qui les renvoie avec des protesta-

(1) Le *Pélican* de 100 tonneaux, monté par Drake lui-même; l'*Elisabeth*, de 80 tonneaux; le *Marigold*, de 30 tonneaux; le *Cygne*, de 50 tonneaux; le *Cristophe*, de 15 tonneaux.

tions d'amitié. Mais Drake était parti sans attendre que les Maures eussent reconnu leur erreur.

Le 16 janvier, il arrive au cap Blanc, après avoir pris plusieurs bâtiments espagnols. Les habitants viennent avec des sacs de cuir lui acheter de l'eau, offrant de l'ambre gris : Drake, touché de leur misère, leur donne de l'eau, et leur laisse leur ambre pour payer l'eau à ceux qui auront le courage de leur en vendre ; le 28, attérissage a l'île de May, l'une des îles du cap Vert, dont les habitants s'enfuient devant les Anglais, les laissant dans l'admiration de leurs vergers verdoyants, couverts de fruits au cœur de l'hiver. Trois coups de canon les avertissent, en passant près de l'île *Saint-Jacques*, qu'ils sont ici sur les domaines du Portugal ; deux navires portugais « chargés de bon vin » (1) tombent justement là au pouvoir des Anglais. Attérissage à l'île du Feu ; provision d'eau à l'île *Brava* « c'est-à-dire la Brave île. »

Le 2 février, l'escadre se dirige vers le détroit

(1) Dit le Chapelain de l'expéditon, FLETCHER. Voyez sa relation traduite en français par le sieur *De Louvencourt*, sous ce titre : *Le voyage curieux faict autour du monde par François Drack, admiral d'Angleterre*, édition de 1641. J'ai fait à cette vieille traduction de nombreux emprunts.

de Magellan. Le 17, elle passe la ligne « après trois semaines de calme ennuyeux, avec de fortes pluies, terribles éclairs et grands éclats de tonnerre : néanmoins, en ces incommodités, ajoute le bon Chapelain, nous avons passé le temps à pêcher quantité de poissons, comme *bonites*, et plusieurs poissons volants, dont la plupart venaient tomber dans nos navires.

« Depuis le jour que nous avons fait voile des dites îles (île du cap Vert) nous avons cinglé *cinquante-six* jours sans voir terre, et la première que nous avons vue, ça été la côte du Brésil, en la hauteur de 33 degrés du pôle antarctique, et l'avons découverte le cinquième jour d'avril 1578.

« Les habitants de cette contrée faisaient alors des feux et des sacrifices au diable, et il nous a été dit (sans doute par les pilotes portugais prisonniers), qu'en telles choses ils usent de conjurations, faisant de petites buttes de terre et autres cérémonies dont s'élèvent de grandes tempêtes, tonnerres et grosses pluies qui mettent le plus souvent les navires à fond et les perdent. En sorte que les Chrétiens ont beaucoup de peine et courent de grands hasards à les aborder, selon l'expérience que les Portugais et les Espagnols en font ordinairement. »

Le 7, *le Christophe* est séparé de l'escadre par une tempête, retrouvé huit jours après au cap *Joy*. Les Anglais ne remarquent là que des daims sauvages et des pas d'hommes ; suivent une quinzaine de jours d'ancrage à l'embouchure de la Plata. Une tempête fit perdre de vue *le Cygne*. L'amiral, descendu dans une chaloupe pour reconnaître une baie qui permît aux bâtiments de se rapprocher, fut tout-à-coup séparé lui-même de la flottille par une tempête, suivie d'un brouillard épais. Son excessive prudence tournait contre lui-même. Toutefois il parvint à gagner la terre, et les feux allumés sur le rivage réussirent à rappeler ses inquiets compagnons. *La Sainte-Marie*, prise sur les Portugais, disparut dans la bourrasque.

Voici comment le Chapelain dépeint les habitants de ces parages : « Certains sauvages sont venus vers nous, tous nus, et n'avaient chacun d'eux qu'une petite peau de loup marin sur le dos. Aucuns d'eux portaient sur la tête une apparence de cornes, et presque tous avaient pour chapeau force belles plumes d'oiseaux. Ils avaient aussi le visage peint et diversifié de plusieurs sortes de couleurs et tenaient chacun un arc en la main, duquel, à chaque coup qu'ils tiraient, ils décochaient deux flèches. Ce sont des hommes fort agiles et assez bien entendus, à ce que nous avons pu voir, au fait de la guerre ; car ils tenaient un bon ordre, en marchant et avançant, et de peu d'hommes qu'ils étaient, se faisaient paraître en grand nombre.

« Ils ont été quelques temps qu'ils n'ont voulu rien prendre de nos mains pour la défiance qu'ils en avaient. Mais, enfin, pour leur témoigner toute amitié, notre général est descendu en terre, dont ils ont mené grande joie et ont sauté et dansé autour de lui, selon leur mode, tournant quelquefois le dos les uns contre les autres. Même un d'entre eux s'est approché de lui, et, ayant pris son chapeau, auquel il y avait un cordon d'or, et, se l'étant mis sur la tête, il est retourné vers ses compagnons, montrant à l'un le chapeau, à l'autre le cordon. »

Le 3 juin, après quinze jours de relations amicales avec ces peuples, l'escadre se dirige vers le sud, perd encore une fois de vue le *Cristophe*. Le 18, ancrage au port Saint-Julien. « *Nous y avons trouvé*, observe Fletcher, *un gibet planté en terre*, qui nous a fait croire qu'en ce lieu ledit Magellan a fait faire justice sur quelques rebelles et mutinés de sa compagnie ». C'est à ce gibet seulement que l'on reconnaît que l'Europe a passé par ici. Il n'y a pas trace, au débarquement, de l'ancienne colère des Patagons contre les perfides ennemis de leur liberté.

Drake, descendu à terre pour la recherche de l'eau, rencontra deux de ces hommes à haute taille, à large carrure, à voix saccadée et retentissante : ils parurent forts contents de voir les Anglais, reçurent avec plaisir ce qui leur fut offert, observèrent avec soin tout ce qui se faisait sous leurs yeux, et, charmés de l'adresse d'un arbalétrier de Drake, se plurent à lutter avec lui, leur flèches portant bien plus loin. Survint un des leurs qui, tenant de ses pères peut-être les amers souvenirs que d'autres blancs avaient laissés parmi ces géants inoffensifs, parut détourner par ses conseils ses compatriotes de toute liaison imprudente. Un Anglais, ayant cassé la corde de son arc dans l'un de ces pacifiques exercices et paraissant désarmé, reçut une flèche dans le dos, puis, se retournant, une autre dans la poitrine. Le maître canonnier leur présenta son mousquet, qui ne fit pas feu, ce qui permit à l'un des assaillants de lui décocher une flèche dans la poitrine. Drake lui-même, relevant le mousquet et le dirigeant contre le chef des assaillants, lui perça le ventre. Les cris du blessé mirent fin au combat. — Les deux mois que les Anglais passèrent encore en cet endroit ne furent troublés par aucune hostilité. Deux Anglais et un Patagon avaient payé d'avance de leur vie cette longue paix.

Un autre Anglais encore devait être immolé là, pour la sûreté de ses compatriotes. Cette tragédie est enveloppée d'un voile obscur; les sombres conjectures que se permet ici Johnson ne sont pas propres à l'éclaircir; on est tenté de se demander s'il est un droit de péage que les navigateurs doivent payer en sang humain, en mettant le pied dans ces régions lointaines.

« En ce port, dit le chapelain, notre dit Général, s'est diligemment enquis des actions de monsieur Thomas d'Onghtie, sur l'avis qu'on lui avait donné qu'il tramait quelque révolte et désordre pour rompre notre voyage; et de fait, peu s'en est fallu qu'il ne l'ait rompu selon la preuve que notre dit Général en a tirée de quelques particuliers, qui par leur propre bouche ont confessé qu'ils les en avait sollicités et même qu'ils étaient de sa partie. C'est pourquoi son procès lui étant fait et parfait selon les lois d'Angleterre et la qualité du crime, de l'avis de tous les principaux de navires qui, à cette fin, ont été solennellement assemblés, il l'a condamné à avoir la tête tranchée : ce qui tôt après a été exécuté sur un billot de bois avec un hachot; mais auparavant que mourir ledit sieur d'Ongthie a supplié qu'il lui fût permis de recevoir la communion, ce qui lui a été accordé et icelle administrée par maître Marin Fletcher, notre ministre et puis, après avoir embrassé notre Général, lui avoir demandé pardon, pris congé de toute la compagnie et prié pour la Majesté de notre reine et pour notre royaume, — il est allé constamment à la mort. »

Dans le récit de Johnson, Drake aurait su dès avant le départ (dans son jardin de Plymouth) les rebelles intentions de d'Ongthie, l'aurait emmené néanmoins, l'aurait toujours traité avec les plus grands égards, l'admettant à sa table, et le logeant près de lui : puis, arrivé au bout du monde, lui aurait tout-à-coup révélé à lui-même tous les secrets de sa conspiration; en le condamnant, avec l'assentiment de tous les officiers, il lui aurait laissé le choix de mourir ou de rester sur ce rivage. D'Ongthie aurait choisi la mort; et, malgré tous les conseils, il aurait persisté dans ce choix.

« Après cette exécution, continue Fletcher, notre Général nous a fait plusieurs belles remontrances pour nous contenir tous en obéissance, union et amitié pendant notre voyage et, afin qu'il plût à Dieu nous en faire la grâce, il nous a exhortés de nous préparer chacun pour faire la sainte Cène, le dimanche en suivant, comme frères chrétiens et bons amis; ce qui a été effectué en toute révérence et grande consolation de la compagnie, puis après chacun s'en est retourné à ses navires. »

Le 17 août, départ du port Saint-Julien ; « le vingtième dudit mois, continue le narrateur, nous sommes entrés dans le fameux détroit de Magellan pour passer à la mer du Sud. Le vingt-et-unième, nous avons avancé quelque peu dedans et en avons trouvé le canal fort sinueux, comme s'il n'y eût point eu du tout de passage ; puis un vent contraire s'est levé qui nous a contraints de retourner au lieu dont nous étions partis.

« En ce détroit il y a plusieurs beaux havres dans lesquels il descend de fort bonne eau douce : mais la meilleure commodité y fait défaut, c'est qu'on ne peut ancrer en plusieurs lieux tout contre, à cause du trop peu de profondeur, si ce n'est en quelques rivières ou en quelques roches et y vente si fort que, si l'on est surpris de quelques coups et tourbillons contraires, l'on court ordinairement grand risque.

» La terre des deux côtés y est fort haute, étant bordée de montagnes inaccessibles ; et celles du côté du sud et de l'est, y sont couvertes en toutes saisons de neige.

» Ce détroit a de largeur en quelques endroits deux lieues, en d'autres trois, en d'autres quatre et le moins est une...

» Le vingt-quatrième dudit mois d'août nous avons surgi à une île dans ce détroit en laquelle nous avons trouvé quantité de ces oies à duvet qui ne peuvent voler, parce qu'elles n'ont point d'ailes ; elles sont fort grasses et en avons tué pour notre provision trois mille en un jour.

» Le sixième de septembre, après une navigation de seize jours, nous sommes sortis dudit détroit et entrés en la *mer du sud,* autrement *mer Pacifique.* »

Le 7, après une éclipse de lune, une tempête survint, si violente qu'il ne leur resta pas d'espoir d'y survivre. Cette tempête dura presque sans interruption jusqu'au 28 octobre ; pendant 52 jours, ils furent ballottés d'un côté à l'autre sans pouvoir déployer les voiles. Drake avait été obligé de brûler *le Christophe* le 9 juin ; le 30 septembre *le Marigold* fut séparé de l'escadre ; le 7 octobre, pendant qu'ils étaient arrêtés dans une baie pour prendre quelque repos, un coup de vent survint qui brisa les câbles et qui fit perdre de vue *l'Elisabeth* : « A notre retour en Angleterre, » dit Fletcher, parlant de *Winter* commandant de *l'Elisabeth*, et vice-amiral de l'expédition, « nous l'avons retrouvé en sa maison (1) ». D'Onghtie rebelle, Winter déserteur !

« Après, nous sommes allés, continue Fletcher, en une autre baie et y avons trouvé un homme et une femme dans un canot ; ils étaient tous nus et longeaient la côte d'une île, y cherchant des vivres. Nous les avons sollicités par signes de trafiquer avec nous de ce qu'ils avaient : ce qu'ils ont fait amiablement. »

Le 20 octobre, découverte de trois îles ; le 28, abordage à l'île de Moka, peuplée de réfugiés Américains « qui s'y étaient rétirés de la

(1) Si Thomas D'Onghtie eût osé l'attendre, Winter l'eût repris, après avoir repassé le détroit, comme Etienne Gomès reprit Jean de Carthagène.

terre ferme et comme retranchés, ayant abandonné leur demeure naturelle pour se sauver et leur liberté de l'extrême cruauté des Espagnols.

» Ils se sont donc venus présenter sur la grève, nous montrant par signes qu'ils étaient bien aises de notre arrivée ; ils nous ont apporté des patates et deux brebis fort grasses, en contre-échange de quoi notre général leur a donné de nos merceries et bagatelles ; ils nous ont aussi promis de l'eau douce ; mais comme le jour suivant nous avons laissé dans l'île deux de nos hommes pour en emplir deux barriques, ces sauvages *les prenant pour Espagnols*, les ont emmenés et n'avons pu savoir ce qu'ils en ont fait.

» Notre général ayant vu cette perfidie et *le peu d'apparence de réparer cette perte*, a commandé de lever les ancres et de faire voile ver la côte du Chili », c'est-à-dire vers les Espagnols eux-mêmes.

Voici maintenant pour Drake le moment d'exécuter le projet qu'il médite depuis si longtemps : prenant au dépourvu les Espagnols de la côte occidentale qui pensent avoir seuls la clef de ces mers ; qui croient être là chez eux et bien clos ; qui laissent leurs navires se reposer sans voiles, ou bien déposent sans défiance sur la grève leur argent en barre comme nous faisons ici du plomb ou du fer.

Sur les indications d'un Indien, Drake surprend d'abord (le 5 décembre) dans le port de Valparaiso, un navire espagnol qui revenait, chargé, du Pérou. « N'y avait dedans, dit le Chapelain, que huit Espagnols et trois Noirs qui, pensant que nous étions aussi Espagnols nous ont reçus avec une grande joie, battant le tambour et nous offrant du bon vin ; mais ils ont été *bien étonnés* quand un des nôtres étant en leur navire et les regardant, a frappé l'un d'eux et lui a dit ces mots *abaxo perro,* qui veut dire en français, à bas chien. Aussisôt un autre d'entre eux voyant qu'ils étaient trompés et que nous étions Anglais, a fait le signe de la croix et, s'étant jeté à la nage, est allé donner avis de notre arrivée à ceux de la ville.

« Sur cette alarme, les habitants l'ont soudain abandonnée..... et, tôt après, notre général est allé avec nombre de soldats dans son bateau et celui de l'Espagnol, et l'a prise et pillée sans résistance. Entre autres choses qu'il a butinées, ç'a été, dans une petite chapelle, un calice, et deux grandes croix d'argent. »

«... Quant aux Espagnols (du navire) nous leur avons fait grâce et rendu la liberté; seulement nous avons emmené leur navire et un nommé Juan Grogo, Grec de nation, pour nous servir de pilote. Il y avait dans ce navire quantité de vins de Chili et des lingots de fin or de Baldivia revenant à la valeur de 37,000 ducats et davantage. Cinglant avec un bon vent, nous sommes allés mouiller l'ancre auprès d'un endroit nommé Coquimbo. » Drake rencontre ici de la résistance et perd l'un des siens.

Quelques jours après, au port de Terrapaca, il trouve sur le rivage, *près d'un Espagnol qui dormait*, treize barres d'argent équivalentes à 400 ducats d'Espagne. « Nous avons pris l'argent, dit le chapelain, et laissé l'homme. »

Plus loin, au port d'Arica, surprise et saisie de trois barques. « Il y avait en l'une 57 barres d'argent dont chaque barre pesait 20 livres de poids qui reviendrait, dit le traducteur Louvencourt, à la monnaie de France, à raison de 40 francs pour livre d'argent, à la somme de 50,060 livres. *Il ne s'est trouvé personne en toute les dites barques*, tous les matelots d'icelles s'en étant allés en la ville...

« Tirant vers Lima, notre général a fait rencontre d'une petite barque ; il l'a arrêtée, et a pris ce qui lui a été agréable, puis l'a laissée aller.

» Le 13 de février 1578, nous sommes venus devant la ville de Lima, et entrés dans le havre d'icelle ; nous y avons trouvé douze tant navires que barques qui étaient à l'ancre; les maîtres d'icelles en avaient fait porter les voiles à terre, n'ayant aucune défiance de chose contraire : *aussi n'avaient-ils jamais eu d'alarme d'aucun ennemi*, mais ce jour-là leur en a été le premier commencement. Car notre général en a pillé tout ce qu'il lui a plu, notamment ayant trouvé en l'une desdites navires un coffre plein de réaux de pur argent et un grand nombre de ballots de soie et de toiles fines, il a fait porter le tout dans la sienne.

» Le meilleur a été qu'il a eu avis qu'un autre navire, nommé le *Caga Fuego* (1) (le crache-feu) et chargé de grands trésors, tirait vers un port nommé Paraca ; c'est pourquoi il a résolu d'aller après en dilligence, et devant que de partir a fait couper tous les câbles sur les ancres desdites navires, les laissant aller en dérive, à la volonté du vent et des vagues.

» Comme nous suivions notre route nous avons rencontré une barque chargée de cor-

(1) *Caga Plata* (crache-argent), disait quelques jours après, le pilote.

dages pour navires; nous l'avons prise et trouvé en icelle le poids de 80 livres d'or valant 14,420 écus de monnaie de France et un crucifix de même métal orné de plusieurs pierres de grande valeur. »

Drake promet sa chaîne d'or à celui qui verra le premier le *Caga-Fuego*. Son frère John l'aperçut sur les trois heures de l'après-midi.

« Sur les six heures, dit le chapelain, nous l'avons abordé et *salué* de trois pièces d'ordonnance et de tant d'arquebusades, qu'enfin force a été à ceux qui le conduisaient d'abattre leurs voiles et de se rendre. — Cela fait, nous sommes entrés dedans et y avons trouvé de grandes richesses comme joyaux, pierres de grande valeur, coffres pleins de réaux d'argent, le poids de 80 livres de pur or valant 14,420 écus (monnaie de France) et 15 tonneaux d'argent en barre; » cette prise fut faite près du cap St-François, à 150 lieues de Panama. — « Après avoir fait ce riche butin, ajoute le narrateur, « notre général, porté de sa clémence accoutumée, leur a rendu leur vaisseau et les a laissés aller en paix sans leur faire tort en leurs personnes. »

Quelques mots encore sur cette étonnante moisson, au milieu de laquelle la géographie a certes bien peu de place : laissons continuer Fletcher, qui ministre protestant, sourit intérieurement des captures faites sur les avares et luxurieux catholiques.

« Comme nous suivions, dit-il, notre route à l'ouest, nous avons encore rencontré un autre navire chargé de toile et de fine vaisselle de terre blanche et grand nombre de soies du royaume de Chine, que nous avons butinées comme les autres; le maître de ce navire était un gentilhomme espagnol ; notre général lui a pris un faucon d'or et une riche émeraude qu'il avait pendue à son cou, et d'autant que nous avions besoin d'un pilote expérimenté en cet endroit, il l'a retenu, laissant achever son voyage à son navire.

» Il nous a donc pilotés jusqu'au havre d'une petite ville qui est le long de la côte et se nomme Guatierca, nous ayant donné avis que dans icelle il n'y avait que 17 Espagnols; sur ce, nous y sommes descendus et y avons trouvé un juge en chaire, accompagné de trois officiers qui faisaient le procès à trois Maures noirs, accusés d'avoir voulu mettre le feu dans ladite ville. *Nous avons pris le juge, les officiers et les prisonniers* et les avons emmenés à bord de nos navires… »

Suivent encore d'autres prises dont le détail nous mènerait trop loin. Ces prises faites, il s'agissait de les conserver et de les mener sans encombre à Plymouth ; impossible de rester plus longtemps en vue des établissements espagnols. Quelle route choisir pour le retour? la route par laquelle on était venu, le détroit de Magellan! mais c'eût été chercher les ennemis que l'on tâchait d'éviter; le second parti qui s'offrit, était de chercher un passage au nord pour revenir par la mer Glaciale, tourner la Norwège, de ce côté du moins, on serait sûr de ne pas rencontrer les Espagnols. Un troisième parti restait, c'était, « franchissant dans sa largeur cette grande mer du Sud, qui, dit Fletcher, est d'une effroyable étendue » de prendre son chemin par les Moluques et le cap de Bonne-Espérance; cette route exposait le riche *Pélican* à de périlleuses rencontres.

Drake adopta le second parti et le 16 avril 1578 (après avoir fait leurs provisions dans l'île espagnole de Guatulco et y avoir pris un boisseau de réaux d'argent), ils cinglèrent au nord sans s'arrêter jusqu'au mois de juin; le 5 juin, ils étaient à 42 degrés nord de l'équateur. « Nous avons trouvé là l'air si froid, dit Fletcher, que notre compagnie a été fort molestée, et croissait toujours cette froideur d'autant plus que nous montions avant vers le nord, ce qui a été cause que nous sommes revenus à 38 degrés de la ligne, et peu après nous avons découvert une terre à laquelle il y a peu d'apparence que les Espagnols ou autres aient jamais abordé.

» Cette terre n'est point montagneuse, mais elle est basse et unie, et pour lors, elle était fort couverte de neiges ; et d'autant que nous avions besoin de rafraîchissements, notre général a été d'avis d'y ancrer. » Sous ce froid et parmi ces neiges, cette terre, si nouvelle pour les Européens, ne laissait pas que d'être habitée.

» Quand nous avons été arrivés, les sauvages de cette contrée (laissons raconter la chose aux Européens qui les aperçurent les premiers) ont témoigné d'avoir une grande admiration de nous voir, et pensant que nous étions des dieux, nous ont reçus avec une grande humilité et révérence.

» Ils nous ont envoyé un présent selon leur mode, et notre général de son côté, suivant sa naturelle discrétion et bonté, leur en a fait un selon la sienne ; et entre autres choses, il leur a donné de belles étoffes pour couvrir ce dont ils ont démontré faire grand cas et avoir grande joie.

» Les hommes y vont tout nus, mais les femmes y sont plus couvertes, car elles portent sur les épaules une peau velue de daim sauvage, et du nombril en bas, jusqu'à trois ou quatre pouces près des genoux, elles se ceignent en manière de saie ou tablier d'une espèce de toile qu'elles tissent comme filasse d'une écorce d'arbre qui croît en ce pays; elles sont fort obéissantes et serviables à leurs maris.

» Leurs maisons sont faites d'une étrange façon, car ils les bâtissent, tout auprès de la mer et de forme ronde comme des colombiers; leurs lits de branches de sapin, à l'entour; leur feu tout au milieu. La seule ouverture, après la porte, est le soupirail ou la cheminée qu'ils pratiquent au sommet. »

Ces *Indiens* faisaient beaucoup de cérémonies pour présenter aux Anglais soit des panaches de plumes, soit des herbes odoriférantes, s'arrêtant à distance, prononçant avec beaucoup de gravité des harangues qu'ils supposaient devoir être comprises de leurs hôtes : puis posant leurs arcs et leurs flèches, pour s'approcher des tentes.

« La première fois qu'ils y sont venus, leurs femmes se sont arrêtées en la même place et se sont égratignées et arrachées la peau et la chair de leurs joues, se lamentant d'une manière pitoyable, de quoi dit le chapelain, nous nous sommes admirés : mais nous avons depuis appris que c'était une forme de sacrifice qu'elles nous faisaient. »

« Drake, dit Johnson, ordonna à toute sa troupe de s'agenouiller, les yeux et les mains élevés vers le ciel, afin que ce peuple s'aperçut que ses hommages s'adressaient à un être qui réside là-haut, — et d'unir ses prières aux siennes pour que ce peuple inoffensif et déçu fût amené à la connaissance de la vraie religion et aux doctrines de notre bienheureux sauveur: après quoi ils chantèrent des psaumes; leurs chants firent tant de plaisir à leur sauvage auditoire que, dans toutes leurs visites, ces bonnes gens ne leur demandaient autre chose que des chants ».

Le 25 juin, Drake reçut deux ambassadeurs annonçant la venue du hioh ou souverain, par un discours d'une demi-heure. « Mais, dit Fletcher, nous avions ce manquement que nous n'entendions pas leur langage ».

« Néanmoins, continue-t-il, notre général, par signes, leur a fait entendre qu'il leur voulait toute sorte bien et, en cette considération, leur a offert des présents, et les a priés de les porter de sa part à leur roi...

» Peu de temps après nous avons vu ce prince qui venait vers nous accompagné de plusieurs sauvages; il était d'une fort belle stature, avait bonne grâce et le maintien courtois et amiable.

» Il marchait avec une grande gravité comme s'il eût été quelque grand monarque, et son peuple qui l'entourait jetait autour de lui force cris et chants d'allégresse, lui faisant un honneur qui ne sentait nullement son barbare.

» Un des siens, qui était fort beau personnage, marchait devant lui, portant en sa main une masse ou un sceptre, duquel pendaient deux couronnes, une petite et une grande et trois chaînes fort longues. Ces couronnes étaient artistement faites *de plumes* de diverses couleurs et ces chaînes étaient fortes et de matière solide (de quelle matière?) et si belles que bien peu d'hommes en ont vu qui les pussent égaler.

» A quelque distance d'icelui, le roi marchait avec ses gardes, vêtus tant lui que lesdits gardes, de peaux de connils et d'autres peaux de plusieurs couleurs; et après, suivaient force gens du commun peuple, ayant chacun la face peinte, les uns de blanc, les autres de noir et les autres de plusieurs couleurs ; ils avaient avec eux un grand nombre de leurs enfants et portaient en leurs mains, tant ceux-ci que ceux-là, beaucoup de présents pour nous donner.

» Notre général voyant ce roi venir en si bonne compagnie et en si bel ordre, nous a tous assemblés et ne se voulant fier que de bonne sorte à de telles gens, nous a commandé de nous tenir sur nos armes, et nous a fait marcher vers nos tentes que nous avions remparées en forme de petit fort, pour l'assurance de nos personnes.

» Le roi s'étant approché, nous a salué d'une salutation générale et, aussitôt celui qui portait son sceptre, appelant un de ses gardes, lui a dit certaines paroles tout bas, lesquelles l'autre a prononcé à haute voix, en sorte que chacun de nous et d'eux pouvait entendre. Cette forme de harangue a duré pour le moins une demi-heure sans que nous y puissions rien connaître, et icelle étant finie, le roi, avec les hommes et les femmes de sa suite, s'est approché plus près de notre fort avec le même ordre qu'il avait tenu jusques alors et n'y avait autre différence sinon qu'il avait fait demeurer tous les enfants en arrière.

» Alors celui qui portait le sceptre a commencé à entonner un chant et danser une danse selon leur mode, gardant si bien la mesure et d'une si belle contenance que nous ne savions assez nous en admirer. — Le roi aussitôt s'est mis à en faire de même et le peuple qui le suivait, étant chose extrêmement belle à voir; et ainsi chantant et dansant, notre général lui a permis d'entrer en notre fort et dans nos tentes. »

Vous redoutez peut-être quelque trahison, ne craignez rien; ces *sauvages* n'ont pas encore appris des Européens à manquer aux lois sacrées de l'hospitalité. Ce n'est pas de Drake que leur viendra cet abominable enseignement. Si ces détails qui me paraissent si précieux, ne vous fatiguent pas, Fletcher va reprendre son récit.

« La danse finie, nous dit-il, le roi s'est assis et, par signes, s'apercevant apparemment qu'il n'était pas compris autrement, a fait entendre à notre général qu'il désirait qu'il s'assît auprès de lui. Cela fait, il lui a témoigné par d'autres signes d'extrême bienveillance et de supplication que toute son affection et celle de ses sujets, c'était qu'il lui plût accepter la couronne de leur royaume et que très-volontiers ils le reconnaîtraient pour leur roi. Aussitôt il a pris les plus grandes desdites couronnes et les chaînes, et a mis l'une dessus sa tête et les autres à son cou, chantant avec tout son peuple un chant d'allégresse et de joie. Et tout cet acte a été accompagné d'une grande révérence et sérieuse procédure, appelant notre général par le nom d'*hioh*.

« Notre général voyant ces choses et sachant combien il en emporterait d'honneur et de profit en notre pays, a fait démonstration de les avoir pour agréables, prenant possession de ce royaume pour notre sérénissime Majesté d'Angleterre, a accepté le sceptre, la couronne et la dignité de ce roi, pour les lui présenter à son retour.

» Ce fait, le commun peuple a laissé le roi et ses gardes avec notre dit général et s'en est allé à quelque distance de là nous faire ses sacrifices à sa mode.....

» De trois jours en trois jours, ils ont continué de venir répéter devant nous les mêmes sacrifices et nous les offrir comme s'ils nous eussent tenus pour dieux...

» Ces gens nous aimaient extrêmement et tout leur contentement ne consistait qu'à nous voir et fréquenter, ne se passant jour qu'ils ne vinssent. C'est pourquoi quand la nouvelle de notre partement leur a été dite, ils nous ont témoigné d'en avoir un deuil extrême... » Drake appela cette terre la *Nouvelle-Albion*, parce que les côtes de cette terre lui parurent ressembler à celles de l'Angleterre, et puis aussi, parce que le pavillon anglais ayant paru le premier dans ces parages, il lui semblait juste de lui consacrer en cet endroit un souvenir. « A cet effet, dit Fletcher, et pour mémoire de ce passage, il fit graver sur une lame de cuivre, le nom, le portrait et les armes de notre dite reine, et le fit attacher et clouer contre un pilier de pierre pour ce spécialement bâti et érigé dans notre fort. Il y fit aussi mettre son nom et le jour et an auxquels nous sommes arrivés, — dont le roi et ses sujets ont fait paraître qu'ils faisaient grande estime. »

Lorsque le 23 juillet, les Anglais levèrent l'ancre après plus d'un mois de relations paisibles, ils virent leurs nouveaux amis gravir en foule les montagnes pour les regarder plus longtemps; allumant là des feux, lorsque la nuit fut venue, pour se rappeler de plus loin au souvenir de leurs dieux protecteurs.

Drake s'arrête encore, dans le voisinage, à quelques îles, entourées d'une quantité prodigieuse de veaux marins; puis désespérant de trouver un passage vers le Nord, se dirige (le 25 juillet) vers les Moluques. Après avoir vogué soixante-huit jours sans voir terre, il arrrive le 30 septembre, en vue de quelques îles, à 8 degrés nord de la ligne. Les habitants accourent à sa rencontre sur des arbres creusés et brunis, relevés par les deux bouts en demi-cercle au-dessus de l'eau, maintenus en équilibre par une poutre transversale que soutiennent de chaque côté de longues perches, et apportant les fruits du pays aux navigateurs; encouragés par la douceur des étrangers, les habitants se mettent à saisir et emporter tout ce qui leur tombe sous la main : puis, trouvant alors les Anglais disposés à la résistance, font pleuvoir sur eux une grêle de pierres. Drake, « alliant la bonté à la prudence », fit tirer au-dessus de leur tête un coup de canon, qui sans leur faire de mal, leur ôta toute envie de lui nuire.

Le 3 novembre, après de longs retards causés par les calmes, il était au milieu des Moluques, et se disposait à prendre terre à *Tidore* (ou *Tadore*) quand le vice-roi de *Ternate*, rencontré en chemin, le détermina au nom de son maître et en haine des Portugais, à mouiller en son île. Il jeta l'ancre devant Ternate le 5.

» Incontinent après, dit Fletcher, notre Général a député l'un des nôtres par devers le roi et lui a envoyé pour présent un manteau de velours avec charge de lui faire entendre que notre nation n'avait autre désir que de vivre en bonne intelligence avec la sienne et ne désirions que trafiquer et échanger des marchandises. » Il est inutile de redire que le présent fut parfaitement bien reçu. Le roi leur fit obligeamment indiquer une rade plus sûre, puis se rendit lui-même à bord. Les manières du roi de Ternate diffèrent fort peu de celles du roi de Tadore (ou Tidore) : je ne m'y arrêterai pas. « Nous l'avons reçu, dit le chapelain, avec tout l'honneur et le respect qui nous a été possible, et notre Général lui a fait encore des présents et à sa noblesse qui leur ont donné beaucoup de contentement. Il était d'une belle et grande stature et prenait grand plaisir et ceux de sa suite, au son de nos instruments de musique. » — Suit la liste des présents que fait, à son tour, le roi, et des honneurs reçus à terre par les envoyés de Drake.

» Cette île, ajoute Fletcher, est la principale

de toutes les îles des Moluques et celui qui en est roi l'est aussi de soixante-dix autres îles qui en dépendent. Les habitants d'icelles sont Maures blancs, *de religion mahométane*, observant certaines nouvelles lunes et alors ils jeûnent tout le jour et ne boivent et ne mangent que lorsqu'il est nuit. » Dans le récit de Johnson, un Chinois exilé à Ternate invite Drake à se diriger vers la Chine et lui fait un tableau des magnificences de cet empire.

Le 12 décembre, Drake fait voile vers Célèbes, mais les vents contraires le retiennent dans un labyrinthe d'îles jusqu'au 9 janvier 1580, qu'il échoue contre l'une de ces îles; et, cloué là sur une pointe de rocher, travaille vainement depuis huit heures du soir jusqu'au lendemain quatre heures après midi à remettre son navire à flot. « Dont nous étions, en tel émoi, dit Fletcher, que nous perdions toute espérance de nous sauver. Toutefois notre Général a toujours eu bon courage et ferme confiance en la bonté et miséricorde de Dieu. Après donc avoir beaucoup peiné et patienté, nous avons déchargé notre navire de huit pièces d'ordonnance, de trois tonneaux de clous de girofle et de quelques farines de fèves : ce qu'étant fait, le vent comme en un moment s'est changé de tribord à bâbord de ladite navire, qui serait comme à dire du côté droit ou côté gauche, et aussitôt haussant les voiles, nous sommes allés à la mer, dont nous avons eu une grande joie et en avons loué et remercié Dieu.

» Le huitième de février sommes arrivés à une île qui s'appelle le *Madura*, non sans avoir couru plusieurs périls.... Peu de temps après nous en sommes partis et sommes allés à *Java Major* où nous avons été reçus (le 11 mars) avec beaucoup de courtoisie. » Les présents de Drake en soie et toile fine lui valent le meilleur accueil de la part d'un des rois de Java et d'abondantes provisions.

» Désirant revoir notre bon pays d'Angleterre, nous en sommes partis (le 26) et avons pris notre route vers le cap de Bonne-Espérance. — Depuis Java jusques audit cap nous n'avons vu aucune terre que celle d'icelui ; néanmoins nous ne nous y sommes pas arrêtés ni en autre endroit qu'à la *Sierra Leone* qui est à la côte de Guinée. Le cap de Bonne-Espérance est le plus beau que nous ayons jamais vu en tout le monde. Nous l'avons doublé le dix-huitième de juin l'an 1580, et incontinent nous sommes arrivés à ladite Sierra Leone le vingt-deuxième juillet en suivant.

» Le vingt-quatrième dudit mois après nous y être pourvus suffisamment de vivres et rafraîchissements nécessaires et aussi de marchandises d'éléphant (d'ivoire), nous en sommes partis et n'avons pris port que nous ne fussions arrivés en Angleterre.

» Le cinquième jour de novembre de l'an 1580 et le troisième an, à douze jours près, de notre partement d'icelle, nous y sommes arrivés après avoir heureusement fait le tour du monde, de quoi nous avons rendu très-humbles grâces à Dieu, et reçu, nos amis et nous, une extrême joie.

Le 4 avril, Drake ayant mouillé dans la Tamise, à Deptford (1) la reine Élisabeth vint

(1) Les aventures de Drake (ou, si vous voulez, les guerres qu'il fit aux Espagnols), ne finissent pas là. En 1585, il retourne contre leurs établissements d'Amérique avec 25 vaisseaux et goëlettes, s'empare de San-Iago, y reste quatorze jours; attaque la ville de St-Domingue comme la plus riche de l'Amérique Espagnole, s'en empare et la garde un mois. Un de ses parlementaires est traitreusement assassiné par les Espagnols. Drake fait pendre sous leurs yeux deux moines, ses prisonniers, et leur déclare qu'il immolera chaque jour deux prisonniers, jusqu'à ce que l'assassin de son compatriote lui soit livré; ils le livrent, et il le leur fait décapiter à eux-mêmes: la rançon de St-Domingue lui vaut 25,000 ducats; celle de Carthagène (qu'il prend ensuite), 110,000. Il rentre à Portsmouth le 24 septembre 1586, ayant perdu 750 hommes et rapportant 60,000 livres sterling. En 1588, il repousse comme vice-amiral la célèbre *Armada* de

le visiter sur son vaisseau, et lui conféra les honneurs de la chevalerie : « honneurs, ajoute Johnson, que l'on ne prostituait pas sous cet illustre règne et qui ne s'obtenaient pas alors sans un rare mérite. »

On montre encore à l'Université d'Oxford un fauteuil construit avec les débris du *Pélican*.

Des deux grandes expériences géographiques que nous venons de retracer, une seule eut suffi pour résoudre le problème tant débattu de la forme de la terre. Le récit d'un troisième voyage n'ajouterait rien à la force de la démonstraction.

Le hardi Portugais qui, le premier, par son exemple, invite le genre humain à parcourir d'un bout à l'autre son vieux domaine ignoré, n'aspire qu'à donner à son pays adoptif les précieuses collines où fleurit le giroflier. Quant à l'Anglais qui suit ses traces, il n'aspire, selon l'expression de Fletcher, qu'à faire, sur

Philippe II. En 1595, dernière expédition contre l'Amérique espagnole, destruction de nombre de Dios, etc.

Cette fois, Drake ne revint pas en Angleterre ; il mourut le 9 janvier 1597, en face de ses éternels ennemis, « enjoignant et recommandant à ses amis de l'ensevelir dans le sein de la mère nourrice qui l'avait porté et nourri si longtemps. » Son corps fut en effet jeté à la mer, dans un cercueil de plomb.

ses adversaires, une *rafle* miraculeuse de réaux et de ducats.

L'Anglais *Thomas Candish* qui fait le troisième tour du globe, parti de Plymouth avec trois vaisseaux le 22 juillet 1586 et de retour à Plymouth, avec un seul, le 9 septembre 1588, ne songeait qu'à renouveler contre les côtes occidentales de l'Amérique la lucrative expédition de Drake.

C'est encore pour attaquer les établissements espagnols et portugais, au compte d'une compagnie de marchands hollandais, qu'a lieu le cinquième voyage autour du monde : sous la conduite de *Olivier de Noort*, parti de Rotterdam le 13 septembre 1598, entré le 6 février 1600 dans le grand Océan et de retour (par le cap de de Bonne-Espérance) le 26 août 1601. Nous ne dirons rien du malheureux voyage de Simon de Cordes, qui avait précédé.

Aucune expédition de ces temps n'est plus propre que celle de *Lemaire* à caractériser les préoccupations qui, jusqu'au milieu du dernier siècle, ont empêché les prodigieux efforts de la navigation de tourner directement au profit de la science et de l'humanité.

Le détroit vainement cherché pendant vingt-cinq ans, le détroit dont Magellan avait payé la découverte de sa propre vie, ce détroit qu'il semblait avoir acquis à tous, — au commencement du dix-septième siècle, la Hollande se l'était approprié, se réservant d'ouvrir ou de fermer à son gré le passage du grand Océan. L'usage exclusif, le *privilége* de ce canal des deux mers, était concédé par lettres-patentes des États-généraux à la compagnie des Indes : « Défense à tout sujet des Provinces-Unies de passer par le détroit de Magellan. »

De telles lois sont faites pour être éludées. Pour éviter les barrières qui étaient jetées sur leur route non par les flots et les rochers, non par les Patagons, mais par leurs compatriotes eux-mêmes, des marchands hollandais firent ce que Magellan eût fait si son détroit n'eût été qu'une simple baie, sans issue. Le vaisseau de Jacques Lemaire, l'*Endracht* (la Concorde), de trois cent cinquante tonneaux, dirigé par Schouten, parti du *Texel* (1) le 14 juin 1615, et laissant à sa droite le détroit changé en baie par la compagnie des Indes, dépassa la Terre de Feu qui forme le côté méridional du détroit et decouvrit au sud, le 24 janvier 1516 (2), un

(1) Port voisin d'Amsterdam.

(2) Entre la Terre de Feu et une autre terre élevée qu'il nomma la Terre des *États*.

beau canal (le détroit de Lemaire) par lequel, il entra en dépit de tous les privilèges dans le grand Océan, après avoir doublé le cap le plus méridionale de l'Amérique, nommé par Lemaire cap de *Horn*. Je passe sous silence les diverses îles qu'il découvre et les tribulations qu'il essuie en route, pour arriver tout de suite à la réception qui l'attendait à *Iacatra* (aujourd'hui Batavia) le 23 octobre 1616, après seize mois de navigation. — Péters Cohen, le président du conseil des Indes, mit *la Concorde* en séquestre, et envoya les infracteurs de la loi (prisonniers) plaider leur cause en Hollande, sur *l'Amsterdam*. Lemaire, parti le 14 décembre, mourut le 31. *L'Amsterdam*, commandé par Spillberg, à qui cette inique mission a fait une bien triste célébrité, était parti du Texel le 8 août 1614 et était venu aux Indes orientales par le détroit de Magellan ; les compagnons de Lemaire achevèrent sur ce vaisseau leur tour du globe le 1er juillet 1617.

« Ces gens-là, dit la relation de Spillberg en parlant de Schouten et de Lemaire, ces gens-là pendant leur longue navigation n'avaient découvert ni nouvelles terres ni nouveaux peuples ; ils disaient seulement avoir trouvé un nouveau passage quoiqu'il n'y eût pas d'apparence. Ces prétendus faiseurs de découvertes qui se vantaient d'avoir trouvé un nouveau détroit étaient fort étonnés de ce que la flotte de Spillberg avait terré si longtemps avant eux à Ternate, bien que composée de six gros vaisseaux, bien qu'elle eût été souvent retardées, qu'elle eût livré plusieurs combats, qu'elle eût relâché, séjourné et trafiqué en tant de ports. »

Ce peu de lignes, destinées à justifier la confiscation du navire et l'emprisonnement de l'équipage après tant de fatigues, — prouve quel tort c'etait à *la Concorde* de n'être pas équipée par et pour la compagnie des Indes.

Cent ans plus tard, le Zélandais *Roggeween* avait à peu près le même sort. Parti du Texel le 16 juillet 1721, il avait pris par le détroit de Lemaire, s'était approché des glaces australes, puis remontant vers le Chili, avait découvert un grand nombre d'îles; avait perdu un de ses trois vaisseaux près d'une de ces îles; avait côtoyé la nouvelle Bretagne, etc. Arrivant à Batavia et pensant y trouver le repos, il vit ses deux vaisseaux confisqués; la prison fut le seul asile donné aux faibles restes de trois équipages, que les vagues, les tempêtes, et le scorbut avaient épargnés. Ce qui survécut fut envoyé en Hollande et parvint à Amsterdam le 11 juillet 1723. « Considérés non comme trafiquants, mais comme découvreurs, ils eurent alors gain de cause. »

Jusqu'à la seconde moitié du XVIIIe siècle, les voyages autour du monde portent le même caractère de mercantilisme exclusif ou de piraterie à guerre ouverte. Il n'y a un peu plus de cent ans, le célèbre voyage autour du monde de l'Anglais *Georges Anson* (dirigé contre les richesses espagnoles) rappelait tout-à-fait celui de Drake; Anson, parti le 18 septembre 1740, entré dans le grand Océan par le détroit de Lemaire, revint, par le Cap, le 15 juin 1744, après trois ans et neuf mois d'absence.

Toutefois la navigation ne pouvait rester plus longtemps étrangère au mouvement du monde; le voyage autour du globe de l'Anglais *Byron* ouvrit une nouvelle ère de recherches dans lesquelles se fit jour enfin, à côté du désir direct de la science, une sympathie que distraient de moins en moins la cupidité ou l'orgueil. Les instructions données à *Byron*, celles que reçut *Wallis* qui le suivit, celles de *Bougainville*, celles de *Cook*, celles surtout que *Fleurieu* rédigea plus tard pour *Lapeyrouse*, sont profondément empreintes du sentiment et de la pensée que l'on aurait voulu voir toujours en de si grandes entreprises.

Enfin de nos jours, les voyages autour du monde sont entrés dans une troisième phase. Le temps est aussi passé de ces expéditions scientifiques à travers des mers et des peuplades inconnues, entreprises à grands frais, et encore pleines de périls et de rudes labeurs.

Les voies sont actuellement frayées; tous les archipels de l'Océanie ont été reconnus et explorés; la carte du globe est dressée avec précision; une navigation active sillonne les Océans. D'autre part l'application de la vapeur à la navigation, le percement de l'isthme de Suez, la création des lignes ferrées de Panama et de New-York à san-Francisco, l'établissement de services réguliers de paquebots entre les points principaux du globe ont modifié complètement les conditions dans lesquelles s'accomplissait jadis un voyage autour du monde. Ce n'est plus une expédition lointaine, périlleuse, exigeant des sacrifices d'argent, tels qu'en peut faire un état, mais non un particulier; c'est une simple excursion à la portée de n'importe quel touriste.

Un romancier célèbre a calculé que, par les voies rapides existantes, un excentrique pouvait se donner le plaisir de faire le tour de notre planète en 80 jours. C'est certainement trop peu pour qui veut voir, étudier et s'instruire en voyageant. Mais quelques mois suffisent à qui veut faire ce que l'on appelle aujourd'hui une *promenade* autour du monde.

FIN DE MAGELLAN ET DE DRAKE.

Voyages de Cook. — Sa mort.

Jacques Cook, le plus célèbre des navigateurs anglais, naquit en 1728, au comté d'Yorck, d'un pauvre laboureur qui avait neuf enfants, et il dut à la bienfaisance d'un propriétaire du canton l'avantage d'apprendre à lire et à écrire dans une école d'Aiton, d'où il passa, à l'âge de treize ans dans le comptoir d'un marchand mercier établi dans un village près de Newcastle. Poussé par cet instinct secret qui éclaire l'homme supérieur sur ses véritables dispositions, le jeune apprenti mercier ne tarda pas à reconnaître qu'il n'était pas fait pour languir dans l'état obscur où le sort l'avait placé : celui de marin lui parut le seul qui pût convenir à ses goûts; bientôt cette idée devint en lui une passion dominante, et, se laissant guider par son impulsion, il s'engagea sur un navire qui faisait le commerce de charbon de terre, où il servit successivement comme mousse, comme matelot et comme maître d'équipage; passa ensuite, en 1755 sur un vaisseau de guerre commandé par sir Hugh Palliser, qui se plut à l'appuyer de tout son crédit, et le fit employer en qualité de *master*, sur le *Northumberland*, vaisseau du lord Colville, qui commandait alors l'escadre en station sur la côte d'Amérique.

Jusque-là, Cook s'était attiré la considération et l'amitié de ses chefs par sa bravoure, son intelligence et son zèle pour le service; mais malgré ces précieuses qualités, on sentait qu'il manquait des connaissances nécessaires à son état, et que le défaut de sa première éducation entraverait l'avancement dont il se montrait digne sous tant d'autres rapports. Cet obstacle qui eût pu décourager un homme ordinaire, ne parut pas insurmontable à celui-ci : au milieu même des travaux de la guerre, il se livra à l'étude des mathématiques et à celle de l'astronomie, avec toute l'ardeur et la persévérance dont son esprit était capable, et ne tarda pas à donner des preuves de cette supériorité de talents qui devait illustrer à jamais sa laborieuse carrière.

A la fin de la guerre d'Amérique, où il venait de faire l'heureux essai des connaissances qu'il avait acquises, il fut envoyé. aux sollicitations du lord Colville et de sir Hugh Palliser, ses protecteurs, reconnaître le golfe Saint-Laurent et les côtes de Terre-Neuve, et s'acquitta de cette mission avec tant de succès, qu'en 1767 il fut choisi pour commander une expédition dans la mer du sud, où l'on voulait observer le passage de Vénus au-dessus du disque du soleil, et découvrir ensuite de nouvelles terres.

A dater de cette époque, les services de Cook acquirent autant d'éclat que d'importance. Ayant mis à la voile le 13 août 1768, accompagné de plusieurs savants distingués qui voulaient partager la gloire de cette expédition, il relâcha à Madère, puis au Brésil, dans la rivière de Rio-Janeiro; entra dans le grand Océan par le cap Horn; se dirigea d'abord au nord-ouest, prit connaissance de plusieurs îles de la partie méridionale de l'archipel dangereux de Bougainville, et mouilla le 11 juin à Otahiti, où l'on devait observer le phénomène qui était le principal objet de ce voyage.

Après un séjour de trois mois, durant lesquels Cook eut souvent occasion de donner aux habitants de l'île, comme à son équipage, des preuves de la haute sagacité qui le distinguait, il se dirigea sur la Nouvelle-Zélande, découverte en 1642 par le capitaine hollandais Tasman, en explora toutes les côtes, reconnut le détroit qui sépare les deux îles, et auquel les Anglais donnèrent son nom, parcourut ensuite, à travers mille dangers, la côte orientale de la Nouvelle-Hollande, ajouta aux cartes de cette partie du globe une étendue de terrain de plus de 27 degrés le latitude, et revint en 1771 en Angleterre, où il fut accueilli avec tous les honneurs dus à ses importants travaux.

Désigné, l'année suivante, pour un second voyage dont le but était de vérifier l'existence des terres australes, qui jusqu'alors avait excité tant de discussions parmi les géographes, il partit, le 13 juillet 1772, avec deux vaisseaux, la *Résolution*, qu'il commandait, et l'*Adventure* aux ordres du capitaine Furneaux. Pendant cette seconde campagne, qui dura trois ans, Cook résolut le grand problème du continent austral, en pénétrant aussi loin qu'il put aller du côté du pôle sud, et en s'assurant qu'il n'existe aucune terre de quelque étendue en deçà des régions où il s'est élevé; il découvrit en outre la Nouvelle-Calédonie, l'île de la Géorgie, une nouvelle terre qu'il a appelée la terre de Sandwich ou la Thule de l'hémisphère austral; et, après avoir visité deux fois les mers du tropique, il fixa la position des terres aperçues autrefois par ceux qui l'avaient précédé dans ses contrées lointaines et en trouva plusieurs qui étaient inconnues.

Le retour de Cook dans sa patrie fut un véritable triomphe : l'éclat de ses services s'était répandu dans toute l'Europe, et il fut mis dès lors au rang des plus illustres navigateurs. Admis à l'unanimité dans la Société royale de Londres, il fut promu au grade de capitaine, et semblait disposé à jouir dans un doux repos de la gloire qu'il s'était acquise; mais ayant été consulté sur le plan d'une troisième expédition, qui devait vérifier s'il était possible de pénétrer dans le grand Océan, connu sous le nom de *mer du Sud*, par la baie d'Hudson, et s'il existait un passage entre le nord de l'Amérique et de l'Asie, son ardeur pour les découvertes le fit se charger de cette nouvelle mission, et il partit de Plymouth, le 12 juillet 1776, sur le vaisseau qu'il avait commandé dans le voyage précédent, et accompagné du *Discovery*, aux ordres du capitaine Clerke.

Ce troisième voyage est surtout remarquable par l'importance des découvertes qui en furent le résultat. Indépendamment de plusieurs petites îles trouvées par Cook dans l'océan Pacifique du sud, il découvrit au nord de la ligne équinoxiale le groupe appelé îles Sandwich, dont la position et les productions promettent plus d'avantages à la navigation des Européens qu'aucune autre des terres de la mer du Sud; il a découvert et relevé la partie de la côte occidentale d'Amérique qui demeurait inconnue, depuis le quarante-troisième dégré de latitude nord, c'est-à-dire une étendue de trois mille cinq cents milles; il a déterminé la proximité du continent de l'Asie et de celui de l'Amérique; il a traversé le détroit qui les sépare; il a relevé les terres de chaque côté à une assez grande hauteur pour démontrer qu'il est impossible de passer de la mer Atlantique dans l'océan Pacifique, ou par la route de l'est, ou par celle de l'ouest : enfin, si l'on en excepte la mer d'Amour et l'archipel du Japon, desquels on n'a encore qu'une connaissance imparfaite, il a complété l'hydrographie de la partie du globe qui est habitable.

Parvenu ainsi au plus haut degré de sa gloire, sûr de recueillir dans sa patrie le juste tribut d'admiration dû à ses longs et pénibles travaux, cet illustre navigateur ne songeait plus qu'à terminer promptement sa mission, lorsque la plus affreuse catastrophe vint tout-à-coup l'enlever à la reconnaissance de l'Europe et à l'affection de ceux qu'il commandait, en lui faisant trouver la mort dans les mêmes lieux où, peu de temps auparavant, il avait été l'objet d'une sorte de culte.

Ce fut en 1779, dans la baie de Karakoua, sur la côte occidentale de l'île d'Owhyhi, ou Hwhyhée, la plus considérable des îles Sandwich, qu'eut lieu cet épouvantable événement. Lorsque Cook avait découvert les îles septentrionales de cet archipel, et qu'il avait relâché dans celle d'Owhyhi, il ne lui était rien arrivé de fâcheux; toutefois les habitants lui avaient paru d'un caractère sombre, et il avait cru remarquer qu'ils étaient anthropophages. Mais ceux d'entre eux qui étaient venus par curiosité à bord des bâtiments, avant leur mouillage, avaient conçu un tel respect pour lui, que tous s'étaient prosternés la face contre terre quand il avait mis le pied sur leur île pour la première fois. A ce nouveau voyage, les communications furent plus franches et plus empressées encore. Dès que les Anglais parurent, des pirogues vinrent de toutes parts leur apporter des rafraîchissements; les bâtiments en étaient presque environnés, et ces démonstrations d'amitié achevèrent de dissiper les impressions fâcheuses que l'on avait conçues d'abord.

Entièrement rassuré sur les dispositions de

ces sauvages, Cook ne cessait de s'applaudir de la découverte de ces îles qui lui offraient tant de ressources; il se plaît, dans son Journal, à détailler les avantages qu'il en retirait pour ses bâtiments, et ceux que sa nation pouvait y trouver dans la suite.

Lorsqu'il débarqua pour la seconde fois dans l'île, les habitants l'accueillirent par des danses et par des chants qui montraient à quel point ils s'estimaient heureux de le revoir, et il ne négligea rien pour entretenir cette espèce d'enthousiasme. L'entrevue qu'il eût avec le roi, nommé Terréeoboo, se fit avec beaucoup de cérémonial et cependant avec cordialité. Cook le reçut à bord avec toutes sortes d'égards, et il se forma entre eux une liaison qui, suivant l'usage de ces peuples, fut cimentée par l'échange réciproque de leurs noms.

Les insulaires, continuant à venir en foule visiter les bâtiments, ne donnèrent donc d'abord aucun sujet de méfiance; mais revenant ensuite à leur naturel qui est enclin au vol, plusieurs d'entre eux se rendirent coupables de divers larcins qui devinrent chaque jour plus fréquents et plus audacieux, et qu'il fallut enfin réprimer avec quelque sévérité. Les Anglais néanmoins passèrent, depuis le 17 janvier jusqu'au 3 février, au milieu de ce peuple, sans qu'aucun accident sérieux troublât la bonne intelligence qui s'était établie.

Le 3 février, Cook eut une dernière entrevue avec le roi Terréeoboo, qui lui témoigna le plus grand regret de son éloignement. Les vaisseaux mirent à la voile le 4 février, dans l'intention d'aller reconnaître les autres îles de cet archipel; mais le mauvais temps ayant endommagé le mât de misaine de la *Résolution*, Cook fut obligé de venir le réparer dans la baie de Karakoua, où il rentra le 11 février.

A son arrivée, la rade était solitaire, et il n'y vint aucune embarcation! toutefois il n'en conçut aucune espèce de crainte; car rien ne pouvait lui faire supposer qu'en aussi peu de temps ces insulaires eussent changé de sentiments pour lui. Plusieurs Anglais s'avancèrent dans l'intérieur de l'île; ils y furent reçus avec la même cordialité; mais ils apprirent que le roi, étant absent, avait mis le *tabou* sur la baie. Le *tabou* est une espèce d'interdit religieux, après lequel les naturels ne peuvent, sans crime, fréquenter le lieu qui en est frappé.

Cette explication parut satisfaisante à la plupart de ceux qui étaient demeurés à bord; quelques-uns pensèrent néanmoins qu'en interdisant aux insulaires tout commerce avec eux, sous prétexte de l'absence du roi, les chefs avaient voulu gagner du temps, et délibérer entre eux sur la manière dont il convenait de les traiter, et cette idée fit naître quelque défiance. On établit cependant l'observatoire à terre comme la première fois; l'on y transporta le mât de misaine pour le réparer, et tout se passa d'abord assez paisiblement; mais bientôt les établissements furent entourés d'une foule d'insulaires qui volaient effrontément tous les objets qu'ils pouvaient trouver sous leurs mains.

Le 18 février, ils manifestèrent des intentions encore plus hostiles : un détachement du *Discovery*, qui était à l'aiguade, fut insulté par eux, et quelques instants après, les matelots qui se trouvaient à terre, ayant voulu se saisir de divers effets qui leur avaient été volés, furent assaillis d'une grêle de pierres. Une rixe s'engagea et fut heureusement apaisée par l'intervention d'un des chefs qui, malgré une blessure reçue dans la mêlée, eut la générosité de défendre les Anglais, pour lesquels il témoignait beaucoup d'attachement.

Cependant ces scènes devenaient fort inquiétantes, et le capitaine Cook en témoigna beaucoup de chagrin, parce qu'il craignait d'être forcé d'avoir recours à des mesures violentes pour les réprimer. Il donna ordre à ses gens de se tenir sur leurs gardes, et de charger leurs fusils, mais de ne faire feu qu'autant que les insulaires commenceraient à les attaquer, et il fit en même temps envoyer du vaisseau ceux d'entre eux qui y étaient venus dans la journée.

Lorsque ses ordres furent exécutés, dit M. King, l'un des officiers de l'expédition, je retournai à terre, et les événements qui venaient d'avoir lieu ayant plus que jamais excité notre défiance envers les naturels, je mis une double garde à l'endroit où étaient nos tentes, et j'enjoignis à mon détachement de m'appeler s'il apercevait du monde caché aux environs de la grève. Vers onze heures, on découvrit cinq insulaires qui s'approchèrent furtivement, et qui se retirèrent dès qu'ils se virent surpris. L'un d'eux revint cependant une heure après, et s'approcha si près de l'observatoire, que la sentinelle tira un coup de fusil qui l'effraya et le mit en fuite.

Le lendemain, à la pointe du jour, je me rendis à bord de la *Résolution*, je fus hélé sur ma route par le *Discovery*, et j'appris que, durant la nuit, les insulaires avaient volé la chaloupe de ce vaisseau, en coupant la bouée à laquelle elle était amarrée. Au moment où j'arrivai à bord, les soldats de marine s'armaient, et le capitaine Cook chargeait son fusil. Il me parut fort animé et décidé à exiger qu'on lui rendît la chaloupe.

Il était d'usage, lorsque nous avions perdu des choses importantes sur quelques-unes des îles de cette mer, d'amener le roi à bord, ou plusieurs des principaux *éares*, et de les retenir en otages jusqu'à ce qu'on nous eût rendu ce qu'on nous avait pris. Le capitaine songeait à employer cet expédient, qui lui avait toujours réussi. Il venait de donner l'ordre d'arrêter toutes les pirogues qui essaieraient de sortir de la baie, et il avait le projet de les détruire si des moyens plus paisibles ne suffisaient pas pour recouvrer la chaloupe. Il plaça en effet, en travers de la baie, les petites embarcations de la *Résolution* et du *Discovery* bien équipées et bien armées, et avant que je reprisse le chemin de la côte, on avait tiré quelques coups de canon sur deux grandes pirogues qui tâchaient de se sauver.

Nous quittâmes le vaisseau, le capitaine Cook et moi, entre sept et huit heures du matin. Il montait la pinasse, et il avait avec lui neuf soldats de marine et M. Philips, leur lieutenant.

Je m'embarquai sur un petit canot. Les derniers ordres que je reçus du capitaine furent de calmer l'esprit des naturels, en les assurant qu'on ne leur ferait aucun mal ; de ne pas diviser ma petite troupe, et de me tenir sur mes gardes. Nous nous séparâmes ensuite : M. Cook marcha vers le village de Kowrowa, résidence du roi, et moi du côté de l'observatoire où était mon détachement. Mon premier soin, en arrivant à terre, fut d'enjoindre aux soldats de ne pas sortir de la tente, de charger leurs fusils à balle, et de ne pas les quitter. J'allai ensuite vers les cabanes des prêtres du pays qui nous protégeaient spécialement, et je leur expliquai, le mieux qu'il me fût possible, l'objet de nos préparatifs d'hostilité qui leur causaient les plus vives alarmes. Je vis qu'ils avaient déjà entendu parler du vol de la chaloupe, et je leur déclarai que nous étions résolus à recouvrer cette embarcation et à punir les coupables ; mais que la communauté des prêtres, et les habitants du village du côté de la baie où nous étions, ne devaient pas avoir la plus légère crainte. Je les priai ensuite de transmettre ces assurances au peuple, et de l'exhorter à demeurer tranquille. L'un des prêtres me demanda si l'on ne ferait aucun mal au roi Terréeoboo; je lui protestai que non, et cette promesse parut le rassurer entièrement, ainsi que ses confrères.

Sur ces entrefaites, le capitaine Cook appela la chaloupe de la *Résolution*, qui était en station à la pointe septentrionale de la baie; l'ayant prise avec lui, il continua sa route vers Kowrowa, débarque avec son détachement et se rendit aussitôt au village, où il reçut les témoignages de respect qu'on avait coutume de lui prodiguer. Les habitants se prosternèrent devant lui, et lui offrirent de petits cochons, selon leur usage. S'apercevant qu'on ne soupçonnait nullement ses desseins, il demanda où étaient Terréoboo et ses deux fils, qui avaient souvent mangé à notre table sur la *Résolution*. Les deux jeunes princes n'ayant point tardé à arriver, et le capitaine Cook s'étant rendu avec eux près de leur père, qui était couché, il lui dit quelques mots sur le vol de la chaloupe, et l'invita à venir passer la journée sur son bord. Le vieux roi accepta sans balancer sa proposition, et se levant à l'instant même, il se rendit à la pinasse, où ses deux fils l'avaient déjà devancé. Lui-même allait y descendre, l'orsqu'une de ces femmes accourut vers lui, et le supplia de ne pas aller au vaisseau. En même temps deux chefs, qui étaient arrivés avec elle, appuyèrent ses instances, s'emparèrent du roi et l'obligèrent à s'asseoir sur le rivage, où les insulaires se rassemblaient et formaient des groupes sans nombre. Effrayés sans doute du bruit des canons et des préparatifs d'hostilité qu'ils apercevaient dans la baie, ils commencèrent à se précipiter en foule autour du capitaine Cook et de leur roi. Le lieutenant des soldats de la marine, qui vit ses gens très-pressés par cette multitude, et hors d'état de se servir de leurs armes, s'il fallait y avoir recours, proposa au capitaine de les mettre en bataille le long des rochers, près du bord de la mer; et la foule leur ayant livré passage sans difficulté, ils allèrent se poster à environ trois verges de l'endroit où le roi était assis.

Ce prince, qui semblait être plongé dans le plus profond abattement, se trouvait partagé entre le capitaine, qui continuait à le presser vivement de le suivre au vaisseau, et les chefs qui cherchaient par leurs supplications à l'empêcher de s'y rendre. Il parut néanmoins disposé à s'embarquer; mais ceux qui l'entouraient employèrent la force pour le retenir, et il fallut renoncer au projet de l'emmener, pour éviter l'effusion du sang.

Jusque-là cependant, la personne du capitaine n'avait couru aucun danger réel; on s'était contenté de part et d'autre de quelques altercations qui eussent pu finir par un accommodement; mais un accident imprévu vint tout-à-coup donner à cette scène un caractère bien autrement grave. Nos canots, placés en travers de la baie, ayant tiré sur des pirogues qui cherchaient à s'échapper, tuèrent par malheur un chef du premier rang, et cette nouvelle parvint au village au moment où M. Cook, après avoir quitté le vieux roi, s'acheminait tranquillement vers le rivage pour s'y embarquer. En un instant la fermentation et la rumeur devinrent telles, que les hommes renvoyèrent les femmes et les enfants, revêtirent leurs nattes de combat et s'armèrent de piques et de pierres. L'un d'eux, qui tenait un long poignard appelé *palsooa*, s'approcha de notre commandant, et se mit à le défier en brandissant son arme. M. Cook lui conseilla de cesser ses menaces; mais l'insolence de son ennemi ayant encore augmenté, il en fut si irrité qu'il lui tira un coup de petit plomb. L'insulaire était revêtu d'une natte que le plomb ne put pénétrer, et lorsqu'il vit qu'il n'était point blessé, il n'en fut que plus audacieux. On jeta plusieurs pierres aux soldats de marine, et l'un des chefs essaya de poignarder M. Philips, leur lieutenant; mais il n'en vint pas à bout et reçut un coup de crosse de fusil! Le capitaine tira alors son second coup à balle, et tua celui des naturels qui s'était le plus avancé. Immédiatement après cette mort, les gens du pays formèrent une attaque générale à coups de pierres, et les soldats de marine et ceux de nos matelots qui occupaient les canots, leur répondirent par une décharge de mousqueterie. Ce qui surprit tout le monde, c'est que les naturels soutinrent le feu avec beaucoup de fermeté. Ils poussaient des cris et des hurlements horribles, et semblaient décidés à braver la mort pour assouvir leur vengeance. Enveloppés par eux au moment où ils allaient recharger leurs armes, quatre de nos soldats furent massacrés, trois autres blessés dangereusement, et le lieutenant Philips reçut entre les épaules un coup de palsooa qui ne put cependant lui faire lâcher son arme, dont il abattit son ennemi.

Au milieu de cette scène d'horreur et de confusion, notre malheureux commandant s'était avancé au bord de la mer, pour donner ordre aux canots de cesser le feu, et d'approcher du rivage afin d'embarquer sa petite troupe. S'il est vrai que les soldats de marine et les équipages avaient tiré sans son ordre, et qu'il voulait prévenir une nouvelle effusion de sang, ainsi que l'ont cru quelques-uns de ceux qui furent de l'action, il est probable qu'il fut la victime de son humanité; car on observa que tant qu'il regarda les naturels en face, aucun d'eux n'osa l'attaquer directement, mais que s'étant tourné pour donner des ordres, il reçut à l'instant même un coup de poignard dans le dos, et tomba le visage dans la mer. Les meurtriers, poussant alors des cris de joie, traînèrent son corps sur le rivage, et, s'enlevant le poignard les uns aux autres, ils s'acharnèrent tous avec une ardeur féroce à mutiler son cadavre, dont ils se partagèrent ensuite les lambeaux.

Il est impossible de décrire la consternation et la douleur que cette affreuse catastrophe répandit sur les deux vaisseaux. Aussi bon chef que fameux navigateur, Cook était adoré de tous ceux qui avaient été les compagnons de ses glorieux travaux ; et malgré l'état critique où ces derniers se trouvaient par le soulèvement presque général des insulaires, tous jurèrent de ne point quitter la côte qu'on ne leur eût rendu les restes de leur infortuné commandant.

Le jour où les naturels en firent la remise fut

marqué par une pompe extraordinaire. On vit arriver, du haut des collines qui dominaient la grève, une multitude infinie d'insulaires, marchant dans un profond recueillement, et chargés de divers présents qu'ils déposèrent en silence sur le rivage, où les Européens étaient venus les attendre, et devant lesquels ils se rangèrent avec ordre, tandis qu'un de leurs chefs, revêtu d'un long manteau de plumes, s'avança vers le capitaine Clerke, et lui remit un paquet soigneusement enveloppé dans une quantité considérable d'une très-belle étoffe neuve, et recouverte d'un manteau semé de plumes noires et blanches. C'étaient les restes mutilés de l'illustre Cook. Ils furent reconnus par tous les officiers assemblés, et transportés ensuite à bord de la *Résolution*.

On prétend que le vieux roi Terrécoboo, accablé de la fin tragique du grand homme qu'il s'était plu à honorer, se réfugia pendant plusieurs jours au fond d'une caverne pour le pleurer en silence, et qu'il ne put jamais se consoler de sa perte.

FIN.

TABLE

FIN DE LA TABLE.

Limoges. — Imp. E. ARDANT et Cie.

www.ingramcontent.com/pod-product-compliance
Lightning Source LLC
LaVergne TN
LVHW020028170826
845678LV00001B/164
9782329753652